和谐校园文化建设读本

U0695911

国宝档案

宋德印/编写

GUOBAODANGAN

吉林出版集团股份有限公司

吉林教育出版社

图书在版编目(CIP)数据

国宝档案 / 宋德印编写. — 长春：吉林教育出版社，2012.6（2022.10重印）
（和谐校园文化建设读本）
ISBN 978-7-5383-8800-8

Ⅰ. ①国… Ⅱ. ①宋… Ⅲ. ①文物—中国—青年读物 ②文物—中国—少年读物 Ⅳ. ①K87-49

中国版本图书馆 CIP 数据核字(2012)第 116033 号

国宝档案
GUOBAO DANG'AN

宋德印　编写

策划编辑	刘　军　　潘宏竹	
责任编辑	付晓霞	**装帧设计**　王洪义

出版　吉林出版集团股份有限公司（长春市福祉大路5788号　邮编 130118）
　　　　吉林教育出版社（长春市同志街 1991 号　邮编　130021）
发行　吉林教育出版社
印刷　北京一鑫印务有限责任公司

开本	710 毫米×1000 毫米　1/16　　**印张** 10　**字数** 127千字
版次	2012 年 6 月第 1 版　　**印次** 2022 年 10 月第 3 次印刷
书号	ISBN 978-7-5383-8800-8
定价	39.80 元

编　委　会

主　　编：王世斌

执行主编：王保华

编委会成员：尹英俊　尹曾花　付晓霞

　　　　　　刘　军　刘桂琴　刘　静

　　　　　　张　瑜　庞　博　姜　磊

　　　　　　潘宏竹

　　　　　　（按姓氏笔画排序）

总 序

千秋基业，教育为本；源浚流畅，本固枝荣。

什么是校园文化？所谓"文化"是人类所创造的精神财富的总和，如文学、艺术、教育、科学等。而"校园文化"是人类所创造的一切精神财富在校园中的集中体现。"和谐校园文化建设"，贵在和谐，重在建设。

建设和谐的校园文化，就是要改变僵化死板的教学模式，要引导学生走出教室，走进自然，了解社会，感悟人生，逐步读懂人生、自然、社会这三本大书。

深化教育改革，加快教育发展，构建和谐校园文化，"路漫漫其修远兮"，奋斗正未有穷期。和谐校园文化建设的研究课题重大，意义重要，内涵丰富，是教育工作的一个永恒主题。和谐校园文化建设的实施方向正确，重点突出，是教育思想的根本转变和教育运行机制的全面更新。

我们出版的这套《和谐校园文化建设读本》，既有理论上的阐释，又有实践中的总结；既有学科领域的有益探索，又有教学管理方面的经验提炼；既有声情并茂的童年感悟；又有惟妙惟肖的机智幽默；既有古代哲人的至理名言，又有现代大师的谆谆教诲；既有自然科学各个领域的有趣知识；又有社会科学各个方面的启迪与感悟。笔触所及，涵盖了家庭教育、学校教育和社会教育的各个侧面以及教育教学工作的各个环节，全书立意深邃，观念新异，内容翔实，切合实际。

我们深信：广大中小学师生经过不平凡的奋斗历程，必将沐浴着时代的春风，吸吮着改革的甘露，认真地总结过去，正确地审视现在，科学地规划未来，以崭新的姿态向和谐校园文化建设的更高目标迈进。

让和谐校园文化之花灿然怒放！

本书编委会

目 录

灿烂的中华文明之光永远闪烁

——写在前面的话

我们辽阔的中华大地，是一片古老而神奇的土地，从那遥远的记不清岁月的年代开始，我们的祖先就已生活在这里了。多少年来，他们世世代代在这里辛勤地耕耘，用自己的汗水和智慧创造了丰富的物质和灿烂的精神财富，形成了中华民族特有的传统文化。然而，随着时间的流逝，由于各种自然和人为破坏等原因，这些财富能够保存下来的，只是很少很少一部分了。有些遗物，具有一定历史、科学和艺术等方面的价值，我们称之为文物，而文物中具有特殊重要价值的珍品，称之为国宝。国宝的数量相对来说就更少了。但也正因为如此，它才更珍贵。

文物到底有什么重要价值和意义呢？在有些少年朋友看来，那些"坛坛罐罐""破铜烂铁"又不好看，又不能用，有什么用呢？如果你真正了解了它，一定就会改变这些看法。在漫长的历史长河中，每一件文物，从小的方面来说，它的构思设计、制作技巧，都是那些能工巧匠、艺术大师们辛勤的汗水和聪明智慧的结晶；从大的方面来说，它反映了那个时代生产发展的水平、人们的思想意识、生活情趣以及整个时代的风格、精神风貌等。这些文物，也是历史发展进程的见证，它们不仅能印证社会前进的足迹，还可填补文字记载历史的空白，纠正一些历史文献的错误，这是我国悠久灿烂文化的最有说服力的物证。如今，这些文物虽然默默无言，但如果你真正了解和认识了它，你就会发现，它们都历经了时代的风风雨雨，各自都有着很不平凡的身世，它们将会向你讲述许许多多古老而神奇的故事。

文物总论。我们从祖国文化宝库大量的文物中，精选出几十件极为珍贵的国宝，展示在少年朋友面前，它们反映的时代是从原始社会到清代，其中"年龄"最大的，到现在已有 8000 岁了，"年龄"最小的，也有 200 岁了。它们是我国古老历史长河中一颗颗明亮的珍珠，永远闪烁着不朽的、璀璨的光辉。

让我们一起到这文化宝库中去遨游吧。

玉器。玉，由于具有坚韧的质地，细密而半透明的组织结构，美丽的光泽，绚丽的色彩和清脆优雅的声音五大优点，早在7000年前的原始社会就受到人们喜爱，并把它制作成各种各样的装饰品打扮自己，后来又把它制作成各种礼器和摆设的工艺品，美化生活。在汉代，皇室贵族还用玉来制作自己死后穿的玉衣，一方面，这是权力、地位和财富的象征；另一方面，他们也迷信地认为玉是山川的精华，穿在身上可以防止"精气"泄出，尸体就可以永远不腐烂。河北满城出土的汉代"金缕玉衣"就是这样一件精美豪华的玉制品。明清时期，玉器制作达到鼎盛，吸取了前人多种优秀技艺的制玉工艺，在此基础上有所创新，使玉器制品达到前所未有的境界。现存最大的玉器"大禹治水图玉山"便是这一时期最杰出的代表作品。中国玉器在世界玉器工艺史上也占有绝对优势，其他各国的玉器，无论是日本古玉、阿拉伯古玉，或是欧洲古玉，都无法与中国古玉相提并论。中国既是产玉大国，又是制玉大国，在世界史上一直闪耀着迷人的光彩。

陶器。在我国漫长的原始社会时期，它是最大量制作和使用的器物。可别小看陶器，它的出现，是人类一项了不起的伟大发明，是人类对水、火和泥土的征服，是人类进步的一个重大标志，并且由此而发现了自然界的许多规律和奥秘。以后发明的金属冶炼、玻璃熔制和瓷器的烧成，都有它的一份功劳。我国的陶器，至少在8000年前就已在黄河流域出现，刚开始非常简单，以后器型越来越多，越来越精美。在西安和甘肃出土的彩陶，图案纹样丰富多彩，反映了原始人对客观事物的认识和艺术的再现形式。其中甘肃出土的一件彩陶盆，上面绘的舞蹈纹图形象逼真，从这里可以看到我国舞蹈艺术的起源。距今4000年前的时候，山东地区的先民们就能制出精巧绝妙、薄如鸡蛋壳的陶器，它标志着我国的制陶技术达到一个顶峰。从商周时期开始，陶器的用途更广泛了，不仅用于日常生活，还用于建筑业、铸造业等。以后，随着科学技术的进步,新材料不断被发现,陶器才慢慢失去了往日的重要地位。

瓷器。是在东汉时期烧制成功的,由于它比陶器更坚固耐用,更清洁美观,又比青铜器容易制作,造价低,原料分布广,所以刚一诞生便成了最主要的一类器物,并"经久不衰"。我国也以生产出大量精美的瓷器而名扬天下,成为世界上的头号瓷器大国,以至于我国的国名"中国",在英文中叫作"China","China"中的"c"小写就是"瓷器"的意思。到宋代的时候,我国的制瓷业达到一个辉煌灿烂的高峰时期,瓷窑遍布全国各地,如同百花盛开,争奇斗艳。著名瓷窑河北定窑生产出的"白瓷孩儿枕",便是这百花园中一朵独特艳美的鲜花。宋代以后,元、明、清各代,瓷器业继续发展,不断取得突破性的重大成就,使我国的瓷器工艺在世界上一直保持遥遥领先的地位。

青铜器。是我国文物宝库中独具特色和风格的瑰宝。5000多年前就能制造了。商周时代,是我国青铜发展史上最蔚为壮观,最光彩夺目的时期,青铜器数量众多,种类丰富,尤其是以那雄伟的造型,古朴神秘的纹饰和字数众多的铭文著称于世。那时,青铜器主要是作为一种礼器来使用。举世闻名的商代"司母戊鼎"就是这样一件大型礼器,重达800多千克,是至今为止发现的最大最重的青铜器,不愧是青铜器之"王",这表明当时青铜器铸造已达到高度发达的水平。在同一时期,中原以外的一些地区,青铜文化也发展到了很高的阶段,大大出乎人们的意料。如近年在四川广汉三星堆和江西新干出土的大量精美的青铜器就充分证明了这一点。三星堆出土的器物形状奇特,与众不同。其中有许多青铜面具和青铜人像,最高的青铜人像通高2.62米,称得上是青铜王国的头号"巨人"。进入春秋战国时期,由于诸侯争霸,战争不断,兵器铸造便迅速发展,以江南的吴国和越国铸造的兵器最为精良。新中国成立后陆续出土了好几把吴、越的青铜宝剑,其中"越王勾践剑"最有名,它历经2400多年,至今没有生锈,锋利如新。到秦汉时期,青铜器讲求实用,铜镜、铜灯大量流行。被称作"魔镜"的透光镜反映了汉代科学技术发展的高水平,也给后世留下了一个千古之谜,这个谜直到近年才完全揭开。一些青铜艺术品,设计造型与现实生活紧密相连,但同时又富有大胆的想象力。如甘肃武威出土的东汉"铜奔马",艺术匠师抓住了"马踏飞燕"那光电般的一瞬间,以无比神奇绝妙的构思造型,塑造了中国青铜艺术史上千古不朽的杰作。

书法绘画。书法是一门写字的艺术,也是中华民族特有的一门艺术。中国的文字起源很早,但使文字成为艺术品是在春秋晚期的时候。到魏、晋、南北朝,我国的书法艺术进入了一个繁花似锦的时期。楷、草、行、隶各体书法同时发展,风格多样,各有精妙之处,并且出现了我国书法史上最伟大的书法家——王羲之。王羲之有"书圣"之称,他写的字吸取了前人的许多优点,又敢于大胆创新,书法艺术直到现在,仍然兴盛不衰。绘画,与书法艺术是姐妹艺术,它有着独特的韵味。历代流传下来的绘画作品数不胜数。北宋时期创作的《清明上河图》,就是其中的一件稀世珍品。

另外,还有金银器、骨器、丝织品以及甲骨文等,都有大量的奇珍异品留存于世,都反映了我国古代在许多方面的水平都达到了令人惊叹的程度。

这些珍贵的国宝,无一不是中华民族祖先非凡伟大的创造。从它们身上,我们可以开阔眼界和视野,增长见识,提高思想文化水平,陶冶美好的情操。同时,更增加了对我们伟大祖国的了解。

古老的中华民族,创造了灿烂的昨天,我们为之无比骄傲和自豪,但我们不能陶醉在昨天的荣耀里停步不前,要以此作为前进的起点和动力,去开拓、去创造更美好的明天。这样我们才能无愧于祖先,无愧于我们的时代。亲爱的少年朋友,你说是这样的吗?

吹响在 8000 年前的笛声

——骨笛

1987 年 12 月 10 日，在河南省省会郑州市，由河南省文化厅主持举行了一个与众不同、别开生面的新闻发布会。会上，一位来自北京中国艺术研究院音乐研究所的专家走上讲台，把一支笛子高高举起，向参加会议的人展示。那是一支有 7 个音孔的骨笛，在靠近第一孔处还有一个小小的调音孔，笛子全长 22.2 厘米，直径 1.2 厘米，两端略粗，是用飞鸟猛禽的肢骨制作而成的。

展示后，这位专家开始吹奏，他竖握着笛子，口对着笛子的上端，两手按音孔，随着手指有规律地起落，笛子发出了音响。"小白菜呀，地里黄呀，三两岁呀，没了娘呀，……"多么熟悉的《小白菜》乐曲啊！笛声如泣如诉，凄婉动人，场上寂静而肃穆。

曲子吹奏结束，新闻发布人宣布，刚才各位听众听到的悲曲，是用在地下埋藏了 8000 年的骨笛吹奏出来的，也可以说大家听到了 8000 年前古乐器奏出的乐音。与会者怎么也没想到这首流畅优美的河北民歌竟是用这么古老的原始人制作的乐器吹奏出来的，顿时惊讶不已，并连声赞叹。

这支骨笛，是 1987 年在郑州正南面约 150 千米的舞阳县贾湖村原始社会遗址中出土的，一共出土了 10 多支，都是用飞鸟猛禽的翅膀骨或腿骨，截去两端的骨节制作而成。一般长 20 厘米左右，直径 1.2—1.5 厘米，比现在的笛子略小些，正面都钻有 7 个圆圆的音孔，形制固定，制作规范。因为年代久远，多数骨笛已残破，但也有保存较好的，之前所述那支用于演奏的骨笛便是保存得最为完好的一支。

经过音乐工作者的试吹测音，这些骨笛能吹奏出音色优美、音韵悠扬的旋律，已经具备了五声和七声音阶结构。音阶，是构成音乐的基本要素，没有音阶，就不会有悦耳动听的音乐旋律。音阶是如何产生的？我国五声音阶、七声音阶又是何时形成和发展的呢？对这个问题，中外音乐史专家都特别关注，并做了许多研究探讨，但看法不一致。一些外国学者认为中国是在商周时代，即距今 3000 多年前发现了宫、商、角、徵、羽 5 个音阶，一些中国学者也持这种看法。但也有的认为五声音阶是在距今约 6000 年前形成的，七声音阶是在距今约 4000 年前形成的。而舞阳县贾湖骨笛的发现，则把五声、七声音阶产生形成的年代提前了至少 2000 年。

这批骨笛，大多数音孔发音准确，这说明当时在制作骨笛时，是经过精确计算的。我们知道，用管类乐器发音，与管长、管径及音孔间的距离有关。当管长、管径确定后，音孔距离则是发出音阶正确与否的关键。音孔距离与发音高低有一定的数理规律，这个规律就叫"律制"。制造乐器必须遵循和掌握这个规律，不然的话制出的乐器就奏不出高低有序的乐音来。贾湖骨笛的律制属于古老的三分损益律，即是我国古代的宫、商、角、徵、羽五个音阶。在一个乐器的一根弦上如果已知其一音，要求得其上方五度高音和下方四度低音，则用弦长减去 1/3 和加上 1/3 的方法，在五声音阶中加上变宫、变徵两个变音就是七声音阶。这种律制，在我国文献记载中最早见于战国时成书的《管子·地员篇》。所以，历来中国音乐史专家多认为这一律制大约形成于春秋时代。谁也没有想到早在 8000 年前就已在中原地区出现了。贾湖骨笛都合乎三分损益律，那么推理可知，在制作骨笛时一定掌握了某种科学精确的计算方法，算出了五声音阶和七声音阶的比例关系，才制作出发音准确的乐器。即使在今天，要制作一件这样的乐器，也得具有一定的比例、分数和换算关系等相应的数理知识。8000年前的原始先民究竟掌握了怎样的数理知识？不能不令人感到迷惑不解而又惊叹不已。此外,这批骨笛有的还在音孔旁加钻一个小孔,这是调音孔,表明贾湖地区先民们的音乐水平是非常之高的,音阶上的细微误差,他们都听得出来,而且还知道如何来校正这些误差。

世界上的古老乐器,当今已知的最古老的敲击乐器,是尼罗河上游非洲先民的陶鼓,距今已有6000年之久；最古老的弦乐器,是欧洲先民的竖琴,距今已有4500年之久；而最古老的管乐器,则是这黄河中游出土的亚洲先民的骨笛了。古老的华夏大地,早在8000年前,就已飘出优美动听的笛声。虽然,先民们奏出的悦耳音乐早已消失在历史的烟云中,我们无法倾听到了,但他们留下的精心制作的骨笛,使我们仿佛看到了他们吹笛演奏,载歌载舞的欢快场面,听到了他们发自内心情感的真实声音,更看到了他们高度的聪明才智和非凡的创造才能。我们为有伟大的祖先而感到无比的自豪。

你见过人鱼合体吗

——人面鱼纹彩陶盆

在距今1万年左右，中国历史进入了新石器时代。这是中国氏族社会的繁荣时期，也是中国古代文明逐渐形成的时期。新石器时代晚期，文化遗存发现数量多、分布地域广，已经有了相当高的水平。随着农业经济的发展，母系氏族逐渐繁荣，出现了规模很大的聚落。新石器时代又可以称为是石器和陶器时代。陶器，是新石器时代在造型美术方面遗留下来的主要创作，也是人类在和大自然斗争中获得的一项跨时代的创造。新石器时代文化遗址里不断出土的陶器等工艺品，展现了我们祖先的审美智慧和艺术创造才能。

中国新石器时代的文化遗址遍布中国各地，中部地区黄河流域的裴李岗文化、磁山文化、大地湾文化属于新石器时代早期。所制陶器比较原始，器物种类少，器形简单，火温较低，多数是红陶，基本没有纹样装饰。分布在中国黄河流域的仰韶文化、马家窑文化，属于新石器时代中期，这时期陶器的表面有漂亮的彩绘，陶器的实用性和艺术性都有了很大的提高。

所谓"彩陶"，是指以赤铁矿粉和氧化锰为颜料，使用类似毛笔的工具，在陶坯表面上绘制各种图案，入窑经火烧后，在橙红的底色上，呈现出黑、红、白等颜色的陶器。彩陶工艺是中国新石器时代原始工艺艺术的主体之一。

形成于7000年前的仰韶文化是中国新石器时代文化中延续时间最长，势力最为强大的一支。仰韶文化的彩陶工艺达到了相当完美的程度，是中国原始彩陶工艺的典范。这件20世纪50年代出土于中国陕西省西安市半坡遗址的人面鱼纹彩陶盆，就是仰韶彩陶工艺的代表作之一。

　　人面鱼纹彩陶盆通高 16.5 厘米，口径 39.5 厘米，细泥红陶质地。盆内壁画有人面纹和鱼纹各两个，相间排列，题材新颖，形象生动，反映了半坡类型彩陶常以鱼纹装饰陶器的特点。

　　人面为圆形，额头左半部涂成黑色，右半部呈黑色半弧形，可能是当时的纹面习俗。人物眼睛细长，鼻梁挺直，神态安详，嘴旁分置两个变形鱼纹，鱼头与人嘴外廓重合，配上两耳旁相对的两条小鱼，构成形象奇特的人鱼合体，表现出制作者丰富的想象力。人像头顶的尖状角形物，可能是发髻，配以鱼鳍形的装饰，更显得威武华丽。此盆现藏于中国国家博物馆。

　　人面鱼纹彩陶盆上的人与鱼题材，可能与古代半坡人的图腾崇拜和经济生活有关。这种鱼纹装饰正是他们生活的写照，也象征着人们期盼富足的美好愿望。人头上奇特的装饰，大概是在进行某种宗教活动时的化装形象。而稍微变形的鱼纹很可能代表了"鱼神"的形象，表达出人们以鱼为图腾的崇拜主题。

中国远古的文明源远流长,仰韶文化是中国新石器文化发展的一支主干,它展现了中国母系氏族制度从繁荣至衰落时期的社会结构和文化成就,其中彩陶艺术达到了相当完美的境地,成为中国原始艺术创作的范例,这件彩陶盆便是其中代表之作。仰韶文化分布在以渭、汾、洛等黄河支流汇集的中原地区,北达今长城沿线和河套地区,南达鄂西北,东至豫东一带,西至甘、青接壤地带,生产工具以发达的磨制石器为主,常见有刀、斧、锛、凿、箭头、纺织用的石纺轮等,骨器也相当精致。各种水器、甑(zèng)、灶等日用陶器以泥质红陶和夹砂红褐陶为主,主要呈现红色,红陶器上常绘有几何形图案或动物形花纹,是仰韶文化最明显特征,故也称为彩陶文化。仰韶文化是以农业为主的文化。

"古老的东方有一条龙"

——蚌塑龙

"古老的东方有一条龙，它的名字就叫中国……，黑眼睛黑头发黄皮肤，我们全都是龙的传人……"这是一首赞颂我们中华民族的歌曲。每当这优美旋律在我们耳畔响起的时候，就勾起我们对伟大祖国的深深思恋与热爱之情，更使我们以作为龙的传人而自豪，因为龙是中华民族的一种象征。在世界各国，人们只要提到东方的中国，就会想到那是一个巨龙的国度、龙的故乡。

少年朋友对龙一定都非常熟悉吧，它有威猛矫健而又巨大的身躯，有升天入海、腾云驾雾、呼风唤雨等非凡的本领，是一种无所不能的神奇动物。然而实际上，我们找遍整个动物世界，却不见它的身影，它是一种虚构的动物。但是，它为什么受到人们的尊奉崇拜？它是怎样"出生"到人间，又是怎样"成长壮大"的呢？

在十分遥远的远古时代生产发展非常落后，人们对大自然的认识极为有限，当看到天上的电闪雷鸣、风霜雨雪，地上的洪水暴发、地震火山，以及人的生死梦幻等现象时，便感到迷惑不解，以为这一切都是受着一种超自然的巨大力量——神的支配和控制。神主管和统治着这个世界，于是对神加以崇拜。虽然神是看不见摸不着的，但它应该有某种具体形象的化身和代表物，于是又从自然界多种动物的身上，各选取一部分，如选取蛇的身、鹿的角、鱼的鳞、鹰的爪等，加以想象综合，创造出了龙的形象。龙便是集各种本领于一身的神物，人们开始对龙进行崇拜，以祈求风调雨顺、五谷丰登、平安顺利等。如原始社会的炎帝、大禹，部族羌、越等都以龙为神灵加以崇拜，并以龙来作为本部落的名称，仅仅属于伏羲氏系统的就有长龙氏、潜龙氏、降龙氏、水龙氏、青龙氏、赤龙氏、白龙氏等。神话传说中三皇五帝的炎帝和尧帝都是受龙感应而降生的。大禹的父亲鲧死了以后还化作黄龙腾空飞去。后来随着时代的发展,龙的形象也不断演变,并增加了吉祥喜庆等许多新的含义,又成为皇帝天子威严神圣至高无上的象征,最终发展成为了我们整个中华民族的一种象征。

少年朋友一定见过不少龙的图案吧,如北京故宫和北海公园的九龙壁上的龙,气势威严;街头花木扎制的龙,活灵活现;元宵节舞龙灯,喜庆欢快;端午节赛龙舟,热烈壮观;等等。但是,最古老的龙是什么样的形象呢?

1987 年 6 月,河南省濮阳县文物管理部门配合中原化肥厂的一项施工工程进行文物考察时,在一处原始社会遗址中意外地发现了三组用蚌壳摆塑成的龙虎图案。第一条龙位于一个大墓中,墓主人是一个身材高大的壮年男子,在他身体骨架的两侧分别用蚌壳精心摆塑了一条龙和一只虎,其中这条龙身长 1.78 米,高昂着头,微张着嘴,眼望前方,身体弯曲,身下有两条足,呈游走的形态,姿态生动,活灵活现,好像是一位保卫墓主人的忠诚卫士。

第二条龙位于这座墓南边不远的一个灰坑中,是龙与虎的连体,虎头朝北,背上站立一头小鹿;龙头朝南,头上爬行着一只蜘蛛。龙口张开,吐着长舌,正对龙口的前方有一个用蚌壳摆塑的圆球,好似龙在戏珠,十分有趣。

第三条龙位于第二条龙的南面,头朝东,尾朝西,背上骑有一人。紧靠这条龙的北面,还有一只头向西,呈奔跑状的虎。

这三组龙虎图案的年代,据考证为公元前 4000 年前,距今已 6000 多年了。图案造型形象生动,新颖独特,显然是经过精心设计和摆塑的,这在中国的考古发现中前所未见。这几条龙的形象,也是目前所发现的时代最早的龙的形象,它是龙的最早"祖先",被誉为"中华第一龙"。

这几组蚌壳摆塑的龙虎图案,向我们展示了原始人生活的一个新天地,意义非同一般。第一,在艺术上,它那龙腾虎跃的新颖独特造型,为中国工艺美术史的研究提供了宝贵的形象资料。原始人的艺术创造方法,以玉器雕刻、陶器捏塑和岩石上的绘画等最为常见。而这种用蚌壳摆塑的方法却极其罕见,它为中国古代工艺美术增添了新的内容。此外,"中华第一龙"的出现,把中国龙形象出现的历史推前了 1000 年,艺术家们从这里可以看到龙的"婴儿"时期的模样,进而对"龙"是如何成长壮大、发展演变有了更清楚的认识。第二,在历史研究上,对研究当时的社会性质、人们的思想观念以及中国文明的起源都具有重要意义。在我国,龙和虎在人们的传统观念中都是威武和权力的象征。龙的神异,前面已说过,虎则是山中猛兽,敏捷凶猛,有山中之王之称。这充分反映了墓主人生前的地位非常高,权力极大。所以,在他死后,要有龙和虎来陪伴。

你见过原始人的舞姿吗

——舞蹈纹彩陶盆

几千年前原始社会的人们，时刻受到毒虫猛兽、风雪雨霜的威胁和侵害，他们要为自己的生存拼命地劳动、斗争。男子每天一大早就要到很远的地方去打猎、捕鱼，很晚才回来，女子则在家穿针引线，编织简单的衣服或到附近采集野果，也非常劳累。他们过着十分艰辛的生活。是的，这就是原始人的生活。但是，他们全部的生活就是这些吗？除此之外，他们就没有别的什么活动了吗？当然不是这样，但又有什么证据证明这一点呢？历史学家、考古学家一直在探索和寻找，终于，1973年在青海省大通县上孙家寨发现了一件4000多年前原始人制作的绘有舞蹈图案的彩陶盆，对这个问题作出了有力的肯定的回答。此次发现说明原始人的生活并不是人们想象的那么单调，他们也有精神生活，他们内心世界的感情还很丰富和热烈呢。

舞蹈纹彩陶盆由红陶烧制而成，器形较大，口大底小，口径29厘米、底径10厘米、高14厘米。为使陶盆美观，在盆口沿画有圆点、三角形和斜平行线组成的几何形纹饰，在盆的腹部的外壁画有三圈带状纹饰。最引人注目的是，在陶盆内壁绘有三组舞蹈图案。每组之间用八道竖线和一片柳叶纹隔开，整个舞蹈图案的上部和下部都画有几圈粗带纹，上部为一圈，下部为四圈，舞蹈图案就在上下带纹之间，看上去如在舞台上演出一般。舞蹈图每组图案都一样，一组为5个人，他们穿着整齐的服装，每人头上都有一根像辫子的装饰物，臀部也都斜着伸出一根长长的像尾巴的装饰物。他们有次序地排成一排，手拉着手，头面向右前方，右腿正向左前方跨出，踏着音乐节拍，正在翩翩起舞。你看，他们动作配合得多么协调一致，舞姿轻松自然，和谐优美，充满欢快热烈的气氛，同时也饱含着人类童年时期那种天然纯真的情趣。

这幅原始人的舞蹈图是原始人思想情感和真实生活的一种具体反映。它所表演的内容是什么呢？这个问题吸引着众多的学者、专家进行研究，但现在还没有一个统一的解释。有的人认为这是娱乐舞，是原始先民们在艰辛的劳动之余，来到大树下、小湖边或草地上欢乐地手拉手，集体跳舞和唱歌，以抒发自己内心的美好情感，同时也是一种很好的休息方式；也有的人认为这是狩猎舞，是先民们在一次打猎归来的庆功会上，跳着狩猎舞，表现人们在打猎活动中分成几组围追堵截猎物的情景，以此歌颂和赞美勇敢威猛的英雄，并期望下一次捕获到更多的猎物；还有的人认为这是宗教舞，跳舞的人头上及下身的装饰物，实际上是把自己装扮成本部落共同崇拜的一种神兽，来进行巫术拜神活动，祈求神灵保佑，使部落人口繁盛、丰衣足食、免受灾祸等。对于这些看法，现在还确实无法评说哪一种是正确的，哪一种是错误的，因为原始舞乐内容很丰富，上述各种说法所分析的情况都有可能存在。不过，暂时也不必过早地急着作出结论，可以期待以后考古发掘获得更多的新发现、新材料时，再来对它进行解释，那时就会准确和完善得多了。

舞蹈纹彩陶盆是我国首次发现的直接描绘原始人活动场面的器物。它的发现，曾引起学术界的极大轰动，因为它有极高的历史价值和艺术价值。在历史学家和考古学家眼里，它展现了一个原始人生活的新天地。人们从中可以研究探索原始人的生产、生活活动以及文化和思想观念等许多方面的问题，使人们的认识更多更广。舞蹈家则在这里看到了我国舞蹈艺术的起源和萌芽，并且说不定还能从中得到某种艺术灵感的启迪。此外，单从美术构图上来看，它也给我们留下深刻难忘的印象。为什么舞蹈纹图案不像绝大多数其他器物的图画在器物外表而要画在内壁呢？这正是我们远古的画家精心巧妙的设计。如果我们往盆中注入清水，水平面刚到画面下端的那四圈带纹，一个奇妙的景象就出现了：水在晃动，圈也在晃动，好像是微风吹拂下湖中水波荡漾，人们就在湖边轻盈起舞，湖水中还呈现出优美的倒影；而如果在盆中燃起一堆火，则又好像是夜幕下篝火在熊熊燃烧，人们环绕着篝火热烈奔放地又跳又舞……

原始人的舞姿，充满了青春的活力。古老的舞蹈纹彩陶盆，永远显示出年轻旺盛的生命力。

薄如鸡蛋壳的陶器

——蛋壳黑陶高柄杯

在谈到薄如鸡蛋壳的这种特殊陶器之前，我们先说说普通的陶器。提到陶器，有的少年朋友也许会不屑一顾地说："不就是那些坛坛罐罐吗？土里土气的，哪儿都是，有什么值得当成宝贝的？"不错，陶器的确比不上瓷器那么精细、光滑，也没有铜器那么经久耐用，更没有金银器那般闪闪发光、豪华精美。但是，如果你了解了它的不平凡身世，你就会对它增加许多新的认识，也就不会那么小瞧它了。

在人类社会从低级阶段向高级阶段发展的道路上，为了不断同大自然进行斗争，便发明了很多生产工具，如石器、木器、骨器等，它们都是人类社会进步的标志。但是，这些工具所利用的原材料都是天然生成的，但成为工具前后其原有的化学属性并未改变。而人类真正利用的第一种非天然工具则是陶器。虽然它是用自然界的黏土烧成，但在高温烧制过程中，黏土已发生了复杂的化学变化，黏土的外形和化学属性都改变了，成为人造的新材料。它能耐火，不容易腐蚀，还可根据不同的需要随意做成不同的式样，给原始人的生活带来极大便利。它的发明，像一场惊天动地的伟大革命，使人类的发展和进步发生了一次飞跃。而且，人们在长期从自然界取土烧制过程中，逐渐发现了自然界越来越多的奥秘，进而又发明了冶炼金属、熔制玻璃和烧制瓷器的技术。所以，从这一点来说，陶器还是瓷器、铜器、金银器的"老大哥"呢。你说它的作用大不大？

根据目前的发现，推测出陶器最迟在 8000 年前就已问世。以后，在几千年长期烧制中，人们积累了越来越丰富的经验，技术水平越来越高,烧制出的陶器越来越精美。到公元前 2400—公元前 2000 年的时候,也就是距今 4000 多年前,烧制陶器的水平达到了顶峰阶段——烧制出精美绝伦的蛋壳陶。

蛋壳陶,顾名思义,就是器物胎壁薄得如同蛋壳的陶器。它真的有那么薄吗?是的,一点儿也不夸张。蛋壳陶器外形规整,表面漆黑光亮,器壁确实薄得如同鸡蛋壳。根据实际测量,蛋壳陶的厚度一般在 1 毫米左右,最薄处仅仅 0.2—0.3 毫米。这么薄、这么轻巧的器物,看上去好像一捏就碎,而实际上它的质地非常紧密,有较大的硬度,用手指轻轻一敲,还能发出清脆的声音。

这件出土于山东日照市的蛋壳黑陶高柄杯,杯高 26.5 厘米,整个器形可分 3 部分:上面是一个有宽宽口沿的杯身,中部是高柄把,是握手的部位,把两端细,中间圆鼓,好像一个含苞待放的花蕾,上面还有镂孔,下部是一个像倒扣的小盆的底座。整个器形就像一个高脚酒杯,却比高脚酒杯更高、更薄,显得轻巧灵秀。器身光洁细密,非常规整,没有一点儿变形之处。这是一件不可多得的陶器珍品。

令人奇怪的是,蛋壳陶器不是哪里都有,到目前为止,只在山东地区有发现,对这种现象现在还不能作出十分清楚的解释,推测这可能与蛋壳陶质料与一般陶土不同以及高难度的制作技术有关。因此,我们只能到山东省博物馆去,才能见到蛋壳陶的身影。

这么薄的陶器,是怎样制作出来的呢?这是一个技术难度很高的复杂过程。先要把陶土进行反复筛选,直到成为不含任何杂质的细泥,然后用一种叫快轮的工具做成形。如今在蛋壳陶器身上能见到的又细又密的一圈圈旋纹,就是快轮旋转时留下的痕迹。使用快轮时，需要很好地掌握力度，否则器物就会厚薄不一样，产生变形。成形后把器物进行晾晒，等半干状态时，放进陶窑中烧制，一定注意掌握好烧制的温度。在烧制将近结束时，还要很好地控制陶器颜色，采用熏烟的方法，把大量的炭渗透到陶坯中，结果就出现了表里墨黑，光亮如漆，薄如蛋壳的蛋壳黑陶器。每一道工序看起来似乎很简单，而实际上做起来是非常不容易的，哪一个环节稍有差错，整件陶器就会报废，没有长期丰富的经验和熟练的技巧是根本不行的。即使在4000多年后的今天，第一流高手制作的陶器也很难轻易仿制出来。

这种蛋壳陶又是做什么用的呢？在考古发掘中，人们发现，蛋壳陶数量非常少，只出土于大中型墓葬中，一般遗址和小墓中极少发现，器型也只有高柄杯一种。这种情况表明，蛋壳黑陶高柄杯在当时是一种非常高级的"奢侈品"，可能是在宴会中用作酒杯，同时也是一种象征等级高低的礼器。因此它绝不是一般的普通人所能使用的，只能是被少数氏族部落的首领或军事领袖独占，用来显示他们尊贵的身份和显要的地位，死后还要把杯当作一种贵重的财富随葬在墓中。

如今，蛋壳黑陶高柄杯已经从墓中走出，重见天日，来到博物馆明亮的展览柜中供更多的人参观欣赏。从它的身上，我们不仅看到了我国古代劳动人民高度的聪明智慧，也看到了当时山东地区与其他地区有着不同的风俗、文化，还看到了原始社会末期贫富划分和特权阶级的出现等许多社会现象。小小的蛋壳黑陶高柄杯，是那个时代最好的"见证人"，透露给现代人们的古老信息可真不少啊！

青铜王国的"巨人"是谁

——青铜立人像

"噫吁嚱,危乎高哉! 蜀道之难难于上青天!

蚕丛及鱼凫,开国何茫然!

尔来四万八千岁,不与秦塞通人烟。"

少年朋友一定已经熟知,这是唐代大诗人李白《蜀道难》中的诗句,它生动而形象地描绘了从陕西关中地区通往蜀地(即今天的四川)的道路崎岖险峻,寸步难行,简直比上天还难,反映了古代蜀国地区交通非常不便,与外界很少往来。所以,长期以来,人们对蜀地各方面的情况认识很少,也很不全面。在古人们心目中,四川是一个"蛮荒不毛"之地,是非常落后的地区。即便它有明确记载的历史,也是从战国时期李冰父子修筑都江堰开始的,而至于更早、更远古的历史,则像蒙上了一层厚厚的面纱,模糊不清,神秘莫测。

四川古老的历史果真是一片空白吗? 在李冰父子开发四川之前,它有没有土生土长的自己创造的先进文化,又是什么样子的呢? 历史学家和考古学家经过长期探索、寻找,终于于 1985 年在距成都 40 千米远的广汉县三星堆村发现了距今 3000 多年的古代蜀国都城遗址,并于第二年七八月,在遗址内相继发现两个大型祭祀坑,坑中密密麻麻地堆满了金器、铜器、玉器、石器、骨器、陶器、象牙和海贝等珍贵文物近千件。这是古蜀人在一次祭祀神灵或祖先的仪式活动后有次序埋入的。这一重大考古发现,将古蜀国有文献记载的历史推前了 1000 年以上,说明古蜀人很早就创造出了灿烂绚丽的文化。这些器物种类繁多,制作精美,造型怪异,风格独特,为国内同时代考古发掘前所未见,在国内以至于世界上都引起了强烈轰动。

在地下沉睡了3000多年的古蜀国文物终于重见天日,大放异彩。一件件珍贵文物,是那么的精巧美观,那么的奇特怪异,那么的令人眼花缭乱。限于篇幅,在此不能一一介绍,就让我们从出土的众多青铜人像中,去见识一位铜像"巨人"的非凡风度和神采吧。

这是一尊立式全身雕像,雕像站立在一个方台形的基座上。通高2.62米,其中基座高0.80米,人像高1.82米。人的头部戴一顶花瓣状的冠帽,双手非常粗大,握成环状,平举在胸前,似乎握了一个物件。雕像身躯瘦长,穿窄袖紧身长袍,长袍为左衽(在我国历史上,"左衽"是少数民族服装的一个明显特征,与中原黄河流域汉族穿的"右衽"服装相区别),即前襟在左腋下开启扣合。雕像长袍飘垂过膝,露出小腿,两脚赤露,不穿靴鞋。两小腿还各戴一只脚镯,长袍上还饰有龙纹、回字纹、兽面纹和倒三角纹等华美的纹饰。雕像面相端庄,粗眉大眼,高鼻阔嘴,方面大耳,表情沉着专注,好像嘴里念念有词,正在发号施令,行使某种神圣的职责,进行着一次盛大隆重的祭祀活动。

考古学家经过研究得出结论,认为广汉三星堆地区方圆6平方千米范围内,是蜀国早期的一个重要都城所在地,而这尊雕像可能是一位宗教上的大巫师。当时人们迷信地认为他能够往来于人间和神灵世界,把人们的愿望反映给神灵,又可以把神灵下达的命令旨意宣告给人民。同时，这位巫师也是位政治领袖，是古蜀国某一代君王的形象，他具有至高无上的地位和特权。

这尊雕像的出土，为文化、艺术、历史和科技各界提供了难得的形象资料，有着极重要的价值。关于青铜人像，在我国史书记载中，以秦始皇铸造的 12 铜人为最早。公元前 221 年，秦始皇统一六国后，在都城咸阳销毁各国兵器，铸造了 12 个巨大的铜人，可是没有一个流传下来。广汉的青铜人像比 12 铜人早了近 1000 年。此外，在我国中原地区商周时期，尤其是商代青铜器中，造型、纹饰都以自然物象占绝大部分，很少有人的形象。即使偶尔发现人的形象，也不是作为独立的雕像，而是作为青铜器上的一种装饰，或一种附属物，而且往往是人的形象处于被鬼神吞吃、压迫的地位，而兽、龙、神等鬼怪的形象居于主要地位，这也是当时生产力不发达，人们对自然认识有限，屈从于大自然神威之下的一种真实反映。而三星堆出土的很多人面像，尤其是这尊立人像，与真人形象非常接近，是同时期国内其他地区出土文物中从没见过的。这种情况说明了什么？这也正是考古学家和历史学家关心和今后需要解决的问题。这是三星堆文化留给人们大量不解之谜中小小的一个谜，这些谜的最终解开，还需要今后长期不断地探索和研究。

如果我们的眼光看得更广更宽，那么，在世界的更大范围内，这尊三星堆的青铜人像又排在什么位置呢？先看看 1897 年在埃及邦拉扎城出土的古埃及第六王朝（距今 4300 年）国王佩比一世和王子梅连拉的铜像，它们是当时世界上发现的最早的铜人像，两尊像分别高 1.75 米和 0.70 米，都远远比不上三星堆这尊。此外，繁荣的古希腊时代青铜雕像也盛极一时。铸造了大量与真人大小相当的青铜人像，如有名的德尔菲御者铜像（出土于德尔菲），宙斯或波塞顿铜像等。但在三星堆青铜人像面前，它们也是"小巫见大巫"，相形见绌，而且它们问世的时间也比三星堆铜像晚了四五百年以上。

广汉三星堆的青铜人像，是世界青铜时代中排位第一的头号"巨人"，它无愧于青铜王国的雕像之王。中国古老的民族文化又一次放射出神奇耀眼的光彩。

从中药铺走出的"龙骨"

——甲骨文

刚一见这个标题，大家不禁要问："什么是龙骨？龙骨就是龙的骨头吗？"对于生活在现代社会的少年朋友来说，极少听说过，更没有见过"龙骨"了，所以不知道"龙骨"是什么东西。可是，它在我国古代，却与人们的生活有密切关系。相传，"龙骨"是山野之间龙蜕变后留下的骨头，或者是远古一种爬行动物的化石，具有养精补气、清热解毒的功用，于是被载入药典，称之为"龙骨"。因此，它成了各个中药铺里常设的一味中药，为人们医治疾病，解除痛苦发挥着应有的作用。然而，有谁想到，除此之外，它还有另外一种更为巨大的特殊作用和价值，远不是药材价值所能相比的。它绝不是普普通通的一味中药，有着极不平凡的身世。

那么，它到底是做什么用的？是谁，又是怎样发现它的与众不同、非同寻常之处，使它走出中药铺那光线暗淡的药匣，重见天日的呢？

那是清代光绪二十五年，即 1899 年的夏天。在都城北京，有一位 50多岁名叫王懿荣的老先生，他是做学问的金石学家，当时在国子监做官。有一天他突然患上了传染性疾病，经中医大夫诊断后，给开了一张药方，其中有"龙骨"一味药。家人很快将药买了回来，打开药包后，王懿荣随手拿出一片"龙骨"，在手中翻转来回地看，看着看着，突然，他眼睛一亮：这"龙骨"上怎么还带有一种刻痕？好像是一种破裂的痕迹，可又像某种花纹。他的思维立即快速活动起来，马上又取了几片仔细观察，发现每块骨片上都有类似的刻痕，一笔一画非常精细工整，端正有序，这显然不是自然形成的痕迹，而是人有意识地用某种刀一类的锋利工具刻上去的。老先生凭着他渊博的学识和深厚的金石学古文字功底，一下便敏感地意识到：这绝不是普普通通的某种纹饰，极可能是一种尚不可知的文字符号。他不禁为之感到十分惊奇，同时兴奋不已。他立即叫来买药的家人，带足银两，到买药地点达仁堂中药铺问明来历，选了一些文字比较鲜明的"龙骨"全部买下，又派人到北京城其他几家大的中药铺，将类似有刻画痕迹的"龙骨"也全都买了，并且还结识了从河南陕西等地来的专门做"龙骨"买卖生意的商贩，出很高的价钱全部收购，不到一年，就已经得到"龙骨"1500多片。经过反复考证研究，王懿荣断定这些刻画符号是商代的文字，距今已有3000多年，年代比篆字和金文（商周时期青铜器上的铭文）还要早。那些"龙骨"，实际上是乌龟腹、背的甲壳。以及牛、羊等动物的肩胛骨，这些刻在上面的文字因此被称为"甲骨文"。就这样，"龙骨"——一味普通的中药，经过王懿荣先生的慧眼发现，才被人们重新认识它的作用和价值，终于从狭小的中药铺走出，迈进了宽阔高大而又明亮的科学文化殿堂。

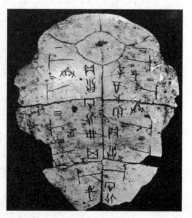

甲骨文的发现，如同一声春雷，在学术界、文化界引起强烈震动。它古老而又神秘，立即引起了当时学者文人的极大兴趣，搜集和研究甲骨，顿时成为一股巨大的热潮。后又经过刘铁云、罗振玉、王国维等著名学者的研究，初步揭开了甲骨文的奥秘，找到了甲骨的出土地点是在河南安阳小屯村，确认那里是商朝国都的废墟——殷墟（商朝又称作殷朝），并在此后对殷墟进行了科学发掘。从1928年开始，直到今天,发掘一直没有中断。目前已发现的甲骨文约有 15 万片。

如今,在小屯村已经建起了一座博物馆,在明亮的玻璃展柜里,陈列着一片片灰白色的龟壳和牛羊肩胛骨。有的像一本书那么大,有的则像小孩手掌那么大。上面刻有各种各样的文字,有的像一个人扶着一件东西,有的像一根树枝,没有注解是一点也看不懂的,可是一经指点就越看越像。

这些刻在龟甲兽骨上的文字,从内容上看,大多是商代帝王利用龟甲兽骨进行迷信占卜时刻写的记录,即"卜辞"。通过对卜辞的研究,使人们对商代的认识发生了彻底的变化。由于年代久远,在我国古代文献中,有关商代的记载很少,就连距今 2500 多年前的孔子也感到自己对商代的历史知道得很少。近代一些学者,干脆把商代归入传说时代,主张我国的历史从西周开始。但甲骨文的出现,则纠正了这种错误认识,还证明了以前曾被怀疑的古文献如《史记》《尚书》等对商代的记载是可信的,我们对商代各方面的情况也才有了比较详细和全面的了解和认识。

商代为什么会出现这么多甲骨?商代人为什么要把大量的文字刻在这些甲骨上呢?历史学家经过考证分析,认为:由于商代人在大自然面前还处于软弱无力的地位,因此十分相信鬼神,特别是死去的先人在他们心里占有极重要的地位。商王和贵族不论事情大小,都要向祖先和神求告,连做梦也以为是神和祖先在与他们进行思想联系。他们认为龟甲兽骨可以沟通人和神、祖先的思想,显示出上天的好恶和命令。所以从各地采集了大量甲骨,各地也向首都进贡,数量巨大,如在小屯发掘的一个编号为 YH127 号的灰坑内,发现甲骨多达 17000 多片。他们便用这些甲骨来进行占卜,以预测吉凶祸福,并把文字刻在上面,作为记录。

从甲骨文字本身来看,它已是比较成熟的文字。为什么这么说呢?

因为它已脱离简单的图形文字阶段向线形文字发展——汉字的象形、会意、假借、形声4种基本要素已形成，词类与语句也具备了今天汉语语法的基本形式。举例来说：羊、牛等字是把羊、牛头部的特征加以描绘，使人一看就知道是什么意思，这就是象形文字。在日常生活中，还有一些无形的意念，动物的活动等，画起来很不容易，就把两个或两个以上的图像组合起来，如画一只手拿着肉在神案桌前，便成"祭"字，画一人弯腰伸着舌头在一器皿上，就成"饮"字，这就是会意字。另外，有些事物，用象形或会意都很难表达出来，怎么办呢？只有采取小孩子写错别字的办法，用同音的字代表，如凤鸟的"凤"与刮风的"风"音相近，因而甲骨文里多用"凤"字来代替"风"字，还用羽毛的"羽"来代表"翌"字（"翌"是"明天"的意思），这就是假借字。但在遇到象形、会意、假借都无法表现的事物时，又怎么办呢？便发明了一边形一边音的形声字，如"洋"字，左边是形，表示是水的意思，右边为"羊"，在这里没有意义，只具有"羊"的读音。这种形声字的方法一发明，新字的种类和数量就可以根据需要而创造无穷了。

甲骨文字已具备了以上4种要素，尤其是形声字的出现，表明甲骨文在文字发展的道路上已经走到较进步的高级阶段。这表明它绝不是最早的文字，在它之前，一定还有一个较长时间的文字形成和发展阶段。有幸的是，随着考古事业的飞速发展，已有两批比殷墟甲骨文更早的文字出土，它们是：1985年和1986年在陕西长安县出土一批骨笄、骨锥和骨片，上面有笔画清晰的文字符号，距今已有4000多年，有的专家已认出"万""退"等字，它与殷墟甲骨文有渊源关系。1987年，河南舞阳出土了有刻画符号的龟甲，距今已有8000多年，这些刻画符号据考证与殷墟甲骨文的某些字相似。这两批珍贵的甲骨文字符号的发现，为探索我国文字的起源提供了重要线索。

从甲骨文中我们可以看到当时的许多历史情况,如甲骨文中有"众""众人""工"等各种奴隶的名称,所以证实了商代使用奴隶从事生产劳动,是奴隶制社会;甲骨文中还有"戓"的字形,经甲骨文专家考证,这就是"国"字,意思是用武力保卫人口,说明商代的国家机构已初步形成。这些大量的甲骨文材料,就好像一座规模巨大的商代王室档案库,为我们研究商代历史提供了珍贵的资料。

铜鼎之"王"

——司母戊鼎

提起古代青铜器，大家最熟悉的可能就是鼎了。的确，在我国现存的数万件商周时期青铜器中，鼎是数量最多、最常见的一种器物。鼎，有3只或4只足。我们的祖先约在6000年前的新石器时代就已发明了它，不过那时还不会造铜，鼎是用陶土烧制而成的。到了商代早期，即距今3000多年前的时候，随着青铜冶铸技术的发展进步，铸造出了青铜鼎。那时铜还不多，是非常珍贵的东西，是一种财富，所以青铜铸造业全部被王室和贵族掌握。鼎被奴隶主贵族用来祭祀祖先和神灵，用来赏赐大臣，用来为自己歌功颂德或留传给子孙世世代代享用。鼎成了标志权力大小和地位高低的一种礼器，哪一级的奴隶主贵族用什么样的青铜鼎，用多少个青铜鼎，是有严格规定的。例如，天子（即王）死后，可以用九个鼎来随葬，而诸侯只能用七鼎，大夫用五鼎，士仅三鼎或一鼎。

鼎还是国家政权的象征。相传尧舜禹时期的大禹铸造了九个大鼎，用来代表他的国土范围内管辖的九个州，具有无比神圣崇高的意义，九鼎的失去，就表明政权的灭亡。所以，商汤灭夏，把九鼎迁到商；周武王打败商纣王，把鼎迁到周。因此，汉语中将新一代王朝的开国建号，叫做"定鼎"，朝代的更替，叫"鼎迁"，同样，将图谋主权的行为，叫做"问鼎"。历史上在春秋的时候就发生了一个很有名的"问鼎"故事。

公元前606年，晋国和楚国争霸中原，楚庄王野心勃勃，率领大军向北进攻洛水流域的一个小国，乘机把军队驻扎在周朝王室的边境，炫耀武力。周定王赶紧派大臣王孙满前去慰劳，楚庄王别有用心地询问周王室拥有的"九鼎"的大小轻重。王孙满严正地回答道："周王朝国力虽然日益衰减，但上天赐予的神圣地位没有改变，鼎是国家政权的象征，你作为一个诸侯王，是没有资格和权力探问鼎的轻重的。"楚庄王问鼎碰了钉子。

因为鼎在商周时期具有如此重要的意义，所以各代王公贵族便不惜花费大量人力、物力和财力铸造了大量的青铜鼎，造型各异，纹饰华美，制作精良。它们无不凝聚着古代劳动人民辛勤的汗水和高度的聪明才智，在中国青铜艺术的宝库中，犹如一颗颗灿烂的明珠光彩夺目。而这其中最为绚丽明亮、最为引人注目的一颗，就是举世闻名的商代司母戊大方鼎。

北京天安门广场东侧的中国国家博物馆的展览大厅里，珍藏着司母戊鼎。它高高地屹立在那里，参观的人们到此无不停步细看，无不被它古朴庄重的美所吸引，无不被它浑厚宏大的气势所震慑，发出啧啧的赞叹之声。那庞大的身躯，高 133 厘米，长 110 厘米，宽 78 厘米，重达 800多千克。要想移动它，就是十几个身强力壮的小伙子也要费尽九牛二虎之力。鼎为长方形，两个对称的大耳直立在口沿上，鼎腹部如同四堵铜墙围成，厚重雄壮，四足如同四根巨型柱子，粗壮结实，强有力地支撑着沉重的器体。器身上有各种纹饰，两耳外侧各饰一对虎纹，虎面对面，口大张，中间有一人头，好像正在被虎吞吃，非常生动逼真。器腹和器足上还饰有鱼纹、牛头纹和兽面纹等，也都十分精致美观。鼎腹内壁刻有铭文"司母戊"三个字。司母戊鼎因此而得名。

细心的人，或许会发现大鼎的一耳和一足有修补的痕迹，这正是司母戊鼎半个多世纪前那段不平凡经历的见证。

司母戊鼎1939年春出土于河南安阳侯家庄武官村，是当地农民吴玉瑶耕地时偶然发现的。当时俗称此鼎为"马槽鼎"，意思是鼎大得可以做马槽。鼎挖出后，吴玉瑶叫来村里十几个身强力壮的小伙子搬运，但由于鼎实在太大太重，移动一步非常困难，人们便想锯断大鼎，分成几块，然后运出。可说起来容易，做起来难，这鼎又不是木头，而是一堵"铜墙铁壁"，坚实无比，仅仅锯一足还锯不断，于是悄悄地把鼎又重新埋起来，然而没有不漏风的墙，这消息不知怎么被日本人知道了。当时日本已大举侵入中国，正是猖狂横行之时。他们对殷墟文物有着特殊浓厚的兴趣，几次前来强行收索，可都没有成功。没办法，他们只得出价70万元伪币收买，可村民仍不愿将鼎挖出，而是另外弄了一件较小的鼎给日本人送去，才算把这事遮掩过去，"马槽鼎"得以幸运地保存下来。

抗日战争胜利后，1946年6月，人们将大鼎重新挖出，先存放在安阳县政府。同年10月底，正值当时的国民政府总统蒋介石60大寿，当地驻军为了巴结奉迎，把大鼎作为寿礼，派专车运到南京。蒋介石当即下令将鼎拨交中央博物院筹备处保存。1948年5月至6月，中央博物院筹备处与故宫博物院在南京联合举办展览，司母戊鼎首次公开展出，引起极大轰动。蒋介石还亲临参观并在鼎前合影留念,可见此鼎在当时被人们所重视的程度。后来,解放前夕,国民党败退,仓皇逃往台湾,打算将此鼎一并带走,终因鼎过大过重,才不得不打消这一企图。

新中国成立后,此鼎存放于南京博物院。1959 年,中国历史博物馆在北京建馆,司母戊大鼎拨交给了中国历史博物馆。经过精心修复,司母戊鼎恢复了往日的雄姿。它庞大的身躯,超级的体重,在我国发现的数以万计的古代青铜器中独一无二,是迄今为止所发现的最大最重的青铜器,在世界古代青铜器中也位居榜首。

说到这里,少年朋友要问:"'司母戊'三字是什么意思?它有什么用?青铜世界里这样的头号庞然大物又是怎么铸造出来的?"

好,先看看对"司母戊"三字的解释,"司"在当时是祭祀的意思,"母戊"是商王武乙的配偶妣戊,即商王文丁的母亲。所以,由这三个字的意思可以断定这个大鼎是商王文丁为祭祀他母亲而铸造的祭祀礼器。

司母戊鼎的铸造,是一个了不起的奇迹。一般来说,铸造大型器物要比铸造中小型器物复杂得多,铸造方形器又要比圆形器困难。在当时生产工具非常简陋的情况下,真是不容易啊。这就要求制作者有相当高的技术水平。据冶炼专家分析,整个大鼎使用了 20 多块陶范合在一起灌注铜液,除双耳是先铸好再嵌入鼎范外,其余部分是在短时间内一次铸成。这需要用五六座大熔炉熔炼青铜,还要有上百名训练有素的工匠熟练配合,同时浇铸才能成功,哪一个环节稍不注意,就很容易产生铸造缺陷而报废。大鼎的鼎足大部分是空心的,只有最末端才有 10—20 厘米是实心的,这种设计是非常科学的,因为鼎足直径达 16 厘米,如果是实心的,那么与鼎底部的厚度(3—4 厘米)厚薄相差过大,冷却时收缩的时间快慢就不一样,就会造成器物开裂。同样道理,大鼎的耳也是空心的。此外,司母戊鼎的铜、锡比例大致是 6：1,这也是非常合理的合金比例,依据这样的配方铸成的铜器,既坚韧不易断裂,又具有黄金般闪亮的橙黄色光泽,非常美观。3000 多年前商代的人竟已掌握了如此符合科学原理的冶铸工艺,令现今的中外冶铸专家也惊叹不已。

司母戊鼎是用青铜铸造而成的,更是用广大劳动人民辛勤的汗水和聪明才智铸造而成的,这些默默无闻的无名氏,才是创造灿烂文化的真正英雄。

鸟形酒尊

——妇好鸮尊

少年朋友们，我们在日常生活中，看到过各种各样盛酒的杯子，但是你们见过鸟形的酒尊吗？

鸮，又称枭，俗称"猫头鹰"。

尊是古代体形较大的盛酒器，仿照鸮鸟的形象制成的青铜礼器在商代晚期极为盛行。

在商代，鸮是商人喜爱和崇拜的一种神圣的鸟。有些专家认为商人把"鸮"推崇为"战神鸟"，是克敌制胜的象征；也有些专家认为商人把"鸮"作为地位和权力的象征……

其实，在已出土的商代青铜器、玉器、陶器、石器等器物上，人们往往可以看到鸮的形象，最著名的器物是河南博物院的镇院之宝：妇好鸮尊。

1976年，妇好鸮尊出土于河南省安阳市殷墟妇好墓，系商朝晚期器物。通高45.9厘米、口径16.4厘米、重16.7千克。整体为鸮形，头部微昂，圆眼宽喙，小耳高冠，胸略外突，双翅并拢，两足粗壮有力，四爪据地，宽尾下垂，作站立状，形态生动。其周身纹饰精美，背后靠颈处有鋬（pàn），鋬端装饰兽头，面中部分及胸前中部各有扉棱一道，冠外侧有羽纹，内侧饰倒夔纹，上有钝角。喙表饰蝉纹，胸中部饰一大蝉，形象奇特。颈两侧各饰一身两首的怪夔一条，张口怒目。两翅前端各有三角形状头的长蛇一条，蛇身紧盘，上饰菱形纹。颈后部连同鋬内壁面饰一大饕餮（tāo tiè）纹。尾部又饰鸱鸮，圆眼尖喙，双足内屈，两翼展开作飞翔状。

鸮尊造型新颖，各部位纹饰和谐，头部羽纹动感尤烈，予观者以"扶摇直上8万里"的艺术感染力,无愧于战神之美誉,呈现出商文化刻意创新、追求完美的精神。

　　妇好鸮尊是迄今发现最早的鸟形酒尊。它造型实用、纹饰精巧,具有极高的艺术欣赏价值。这件鸮尊,英姿飒爽、雄壮威武,细细观察它身上的纹饰,主纹高出器物表面,阴线的刻纹相辅,整件鸮尊的纹饰主次分明,有着鲜明的层次变化,具有商代铜器的大气肃穆和独特的神韵。妇好鸮尊能被推选为"九大镇院之宝",还因为这件文物具有极高的历史价值。有的专家甚至说,青铜鸮尊就是妇好的"代言人",见证着中国这位传奇女性的一生。

巧夺天工的艺术珍品

——嵌绿松石象牙杯

前面我们介绍了妇好墓出土的鸮尊,少年朋友们对商代的青铜酒尊有了一定的了解。下面为大家介绍的,同样也出土于妇好墓。那就是嵌绿松石象牙杯。

此物为商代象牙雕刻珍品。象牙雕刻,又叫牙雕,是指将象牙雕刻成各种实用器或工艺品的技术,也泛指各种象牙制品。中国象牙雕刻的历史可追溯到 7000 年前的新石器时代。在浙江余姚河姆渡文化遗址出土的象牙刻花小盅、象牙鸟形匕首是目前所知最早的牙雕制品。在山东大汶口出土的象牙梳、象牙珠、象牙管等,也是史前的象牙雕刻品。商代的象牙器物,多模仿铜器的纹饰而雕刻,嵌

绿松石象牙杯就是一件巧夺天工的商代艺术珍品。

嵌绿松石象牙杯是当时的饮酒器。杯的主体是用象牙的根部制作而成,腹腰中空。杯身通高 30.5 厘米,杯的鋬是用另一块象牙板制成镶嵌上去的。敞口薄唇,杯腹微收敛,下部嵌有圆形底。杯身一侧靠近口和底的两个小圆孔,插入鋬榫。杯身通体饰满花纹,纹饰分为四段。第一段为杯口下部,刻有兽面纹三组,两侧有身、尾、口,均向下,眉、眼、鼻

镶以绿松石,其下镶绿松石和细带纹一周。第二段为颈部,饰兽面纹三组,口、眼、鼻也镶绿松石,在口下雕大三角形纹,两侧分别刻对称的倒夔纹。第三段为腹下,刻变形夔纹三组,眼以绿松石镶之,其下绿松石镶细带纹三周。第四段近切地处,亦饰兽面纹三组,目字形眼,大鼻翘目,口均向下,镶绿松石。鋬部形状呈夔形,头向上,宽尾下垂。鋬上端两面雕鸟形纹,勾喙短冠,眼镶绿松石,鋬背中部雕一兽面,下有一突起的兽头,双角上竖,口、眼、眉均镶绿松石,鋬近杯身一面有上下对称的小圆榫插入杯身。

嵌绿松石象牙杯是 1976 年河南安阳殷墟妇好墓发掘时出土的,出土的陪葬物十分丰富,多达千余件。该墓共出土象牙杯三件,其中两件镶有绿松石。此杯是其中的一件。另一件镶绿松石的杯,器身也为圆筒式,杯的口部,随象牙的自然弯曲形态,锯掉一半,使杯口部呈舌状。杯整体显得别致、高大。腹部为三组花纹,雕饰有双目圆瞪的兽面纹。还有不同形态的花鸟纹,把兽面隔开。杯口部和腹下部刻有龙,在杯身巡回转动。杯的一侧镶有象牙柄,杯的上部雕饰大耳兽头,下部雕有一虎,伏身向上,与上部的兽头衔接。

嵌绿松石象牙杯器体高大,图案富丽,工艺精巧,体现了商代象牙雕刻工艺的卓越技巧。象牙工艺首先雕好杯身及鋬,将杯内外打磨平整光滑,然后描绘好纹饰,用减地平面的雕刻方法雕出各组纹饰,线条浅,再镶嵌上绿松石,突出了装饰的效果,引人注目,结构十分精巧。它显示了古代匠人的工艺才能,为我国古代工艺美术史增添了新的光辉。

中国现存商代最大的方尊

——四羊方尊

在中国古代的青铜器中,有不少器物以其独特的造型而引人注目,四羊方尊便是其中一例。它的造型动静结合,寓雄奇于秀美之间,可谓巧夺天工。

四羊方尊,在现存商代青铜方尊之中体形最大。造型雄奇,肩部、腹部与足部作为一体被巧妙地设计成四只卷角羊,各据一隅,在庄重中突出动感,匠心独运。整器花纹精丽,线条光洁刚劲。

四羊方尊器身方形,方口,大沿,每边边长为52.4厘米,其边长接近器身58.6厘米的高度。长颈,高圈足。颈部高耸,四边上装饰有蕉叶纹、三角夔纹和兽面纹。尊的中部是器的重心所在。尊肩部四角是四个卷角羊,羊头与羊颈伸出于器外,羊身与羊腿附着于尊腹部及圈足上。尊腹即为羊的前胸,羊腿则附于圈足上,承担着尊体的重量。羊的前胸及颈背部饰鳞纹,两侧饰有美丽的长冠凤纹,圈足上是夔纹。方尊肩饰高浮雕蛇身而有爪的龙纹,尊四面正中即两羊比邻处,各有龙首探出器表。通体饰有细雷纹。器四角和四面中心线合范处均设计成长棱脊,其作用是以此来掩盖合范时可能产生的对合不正的纹饰。

此器采用了圆雕与浮雕相结合的装饰手法,将四羊与器身巧妙地结合为一体,使原本造型死板的器物,变得十分生动,将器物与动物造型有机地结合成一体,并擅于把握平面纹饰与立体雕塑之间的处理,达到了技术与艺术的完美结合。出土器物的湖南洞庭湖周围地区在商代是三苗活动区,在此地发现造型与中原近似的铜尊,表明商文化的影响已远及长江以南的地区。

据考古学者分析,四羊方尊是用两次分铸技术铸造的,即先将羊角与羊头单个铸好,然后将其分别配置,再进行整体浇铸。整个器物用块范法浇铸,一气呵成,鬼斧神工,显示了高超的铸造水平。四羊方尊集线雕、浮雕、圆雕于一器,把平面纹饰与立体雕塑融会贯通,把器皿和动物形状结合起来,恰到好处,以异常高超的铸造工艺制成。在商代的青铜方尊中,此器形体的端庄典雅是

无与伦比的。此尊造型简洁、优美雄奇、寓动于静。被称为"臻于极致的青铜典范"。

走进中国国家博物馆,参观四羊方尊早已成为不少参观者的首选。这件被誉为国之重宝的青铜礼器,曾走出国家博物馆,来到重庆三峡博物馆向市民展出。它一直以独特的制作工艺吸引着来自世界各地参观者的目光,在时间的尘埃中传递历史的凝视。"尊"是一种盛酒器。尊一般为圆形、鼓腹、大口,也有少数方形尊。四羊方尊便是其中一例。"尊"主要流行于商周时期,既然叫作四羊方尊,重点当然在于"羊"。在商代,羊通祥,寓意吉祥。四羊方尊以四羊、四龙相对的造型显示了青铜礼器的至尊地位。很难想象,当年,工匠们是怎样夜以继日地,凭借高超的铸造工艺,才将器物与动物形状结合起来,使之千年不朽。

与大部分国宝一样,如今养在深闺的四羊方尊也有过一段辗转于各个卖家之手、破碎、修复的"心碎遭遇"。1938年,湖南省宁乡县黄村月山铺转耳仑的山腰上,农民姜景舒两兄弟挖土种红薯时,发现了这个满身泥土的宝贝。在此之前,四羊方尊已在地下沉睡了3000多年。乡亲们听说出了个宝贝,全都跑来欣赏。不久,方尊的一个羊头的细小角尖就被弄掉了。

当年5月,黄材镇的一名古董商张万利以400光洋(方言,银圆)购得

四羊方尊。随后,四羊方尊很快被转手到了长沙,随即被当时的政府没收,交由湖南省银行收藏保管。1938年下半年,湖南省银行西迁到了湖南西部的沅陵县,而四羊方尊就在不久后的日军空袭中,被炸成了20多块。1952年,湖南省文物管理委员会专家蔡季襄在中国人民银行湖南省分行的仓库中,找到这个破碎的宝贝。又过了两年,修复四羊方尊的重任落在了国内文物修复大家张欣如身上。20世纪30年代,张欣如便在河南省开封市的"倾古斋"学习古玩修复,1954年4月,张欣如调至湖南省文管会,当年5月,便接到任务修复四羊方尊。清洗碎片、烙铁焊接……每天,张欣如都把30多千克重的方尊放在腿上,一手扶着,一手作业,丝毫不敢分心。两个多月后,四羊方尊终于修复成功,再次展现出3000年前的瑰丽身影。

美中不足的是,尊的口沿部分始终还缺一块残片。原来,农民姜景舒在卖尊给古董商时,曾有意识留下锄掉的一块碎片作纪念。这事儿于1976年才被湖南省博物馆原馆长高至喜发现。为此,高至喜远赴宁乡县,千方百计寻找到姜景舒两兄弟。至此,尊口上的云雷纹残片才终于完璧归赵。

铜尊上的虎口衔人

——青铜龙虎尊

龙虎尊出土于安徽阜南县,距今已有 3000 多年历史。它的铸工、纹饰极精,令考古工作者赞叹不已。青铜龙虎尊高 50 厘米,口径 45 厘米,重约 20 千克,是一件具有喇叭形口沿,宽折肩、深腹、圈足,体形较高大的盛酒器。它是古代青铜艺术杰作中的佼佼者,被文物考古界视为珍宝,当之无愧。

龙虎尊的花纹,从肩部、腹部和足部,均被平分为 3 个画面,由 3 个立体的龙头和竖起的扉棱间隔成 3 等份。肩部 3 条蜿蜒的龙在"游荡",龙头伸出铜尊肩外,每条游龙后面还尾随小龙一条。尊的腹部用镂空扉棱隔成 3 个相同的画面,主体花纹四周布满了饕餮纹。足部饰以饕餮纹一周。从整体上看,3 个部位的纹饰衔接得紧密流畅,浑然一体;从主体花纹看,龙、虎、人造型庄严稳重、奇特神秘,特别是龙头和虎头用浇铸法从外壁凸起,雄健粗犷,比起用高浮雕法更具有一种威武逼人的气概。这种手法既适应尊的特定造型,又表现出纤柔亲和之意,似乎在呵护着蛙形裸人,折射出神秘莫测的魅力。

龙虎尊纹饰的主题是"虎口衔人"。关于这一主题,有人认为:在这里,"人"应是当时的奴隶,"虎口衔人"反映奴隶社会的残酷、恐怖,是为了威吓奴隶,压制他们反抗而设计的。对于这种传统的解释,另外一些考古学家则提出质疑,他们认为这应该是表现一种巫术的主题。青铜器在当时大多都是十分重要的礼器,这样的纹饰应是巫师作法的情景纪实。张开的虎口在古代是分割生死两界的象征,虎口下的人很可能就是巫师,巫师在祭祀中通过老虎的帮助而表现出一种能够通天地、感鬼神的能力。也有人认为,虎是氏族的保护神。神虎张牙舞爪,以其不容侵犯的雄姿保护着人们。龙虎尊以其强烈的历史穿透力,传递出商代及商代以前的原始巫风、图腾崇拜、神祇信仰等多方面信息,展示出虎视八方的雄风。龙虎尊是商代青铜器中与四羊方尊齐名的珍品。

近来一些专家研究认为:所谓"龙虎尊"上的纹饰实际上应该是尊的铭文,所谓"虎口衔人"实际上是虎方二字。阜阳市博物馆原馆长韩自强先生认为,一批包括龙虎尊在内的青铜器都是商代墓葬中的陪葬品,在礼器上铸造铭文,符合商代制度。在这件器物上,宽大的口沿代表天,天下是云和尊贵的龙,下面就是在龙的庇护下的"虎口衔人",即虎方。这完全符合古代青铜器的美好寓意。所以所谓"虎口衔人"实际上就是虎方二字。

"龙虎尊"的铸造工艺极为复杂尖端。据说发现后被上交国家博物馆,为了给安徽省和阜阳地区一个复制件,当时许多专家参与了复制件的铸造工作,但是没有人能够复制出来,特别是那个宽大的口沿,一直是一个难题。今阜阳市博物馆藏的复制件是石膏制成,基本接近原件的形制,但安徽省博物馆的铅制复制品就与原件有很大差距。国家博物馆外出布展的是铜制仿制品,因为达不到原件的铸造工艺,仿制品的重量是原件的 2 倍。这充分说明龙虎尊的制作工艺之先进高超。

另外,从龙虎尊的器形看,它和四川三星堆出土铜器的器形、风格极为类似。有人就推测这二者之间存在着一定的联系。殷墟卜辞中有殷征虎方的记述,专家们推测:殷征虎方后,坚强的虎方人不肯臣服于殷商,于是举族迁徙,辗转逃到川藏高原,并在三星堆那里定居、立国,所以两地虽然远隔数千里,其在青铜器铸造的技术、工艺、风格上却完全相同。不过相比之下,三星堆青铜器的制作工艺与龙虎尊等同时出土的文物相比,就显得太过粗糙。据此可以看出,虎方人撤离此地后,原有的技艺高超的工匠或死或被俘,那些尖端的技术遂至失传,后来的小徒弟们只能制作出像三星堆那样的青铜器了。

龙虎尊的铸造工序十分复杂,是用18块母范经两次焊接而成的,塑之浑然一体,毫无痕迹。这充分说明远在3000多年前,我国的冶金、铸造技术水平已达空前的高度,其形制雕刻工艺在当前亦举世无双。龙虎尊至今在我国出土文物中独一无二、弥足珍贵、价值连城,被视为宝中之宝,非但不在国外展出,国人也很难目睹原件,所以现在能见到的仅是它的复制品而已。

西周最早的青铜器

——利簋

簋(guǐ)是古代的盛食具,即现代的碗。在祭祀或宴飨时,它又是一种重要的礼器,和鼎配套使用,供奉在神坛上以祭祀祖先上天。按周代礼制中用鼎制度的规定,只有天子才能享用"九鼎八簋"组合的最高礼仪。

利簋,又名檀公簋,圆形,侈口,鼓腹,双兽耳垂珥,作兽首口衔鸟头状,圈足下附带方座。腹及圈足以云雷纹为府,分别再饰兽面纹、夔纹;方座饰兽面纹,四隅饰蝉纹。此簋的主人是利,所以被称为利簋。它是目前确知的最早的西周青铜器,造型端庄稳重。为了显示簋主人的贵族气势,簋两面和方座的四面各铸一突睛露牙的饕餮纹,狞厉森然。簋高 28 厘米,口径 22 厘米。这种圈足连铸方座的簋是西周初期新出现的形式。

利簋记载的史实证实了周武王于甲子日灭商的事实,为商周断代提供了不可代替的实物标本。与古代文献所记相合,具有非常重要的史料价值。

该簋最为重要,也最有价值的是该器腹内底部所铸 4 行 32 字铭文。

铭文如下:

武王征商,唯甲子朝,岁鼎,克昏夙有商,辛未,王在阑师,赐有事利金,用作檀公宝尊彝。

利簋记载的史实证实了《尚书·牧誓》《逸周书·世俘》等文献的记载。及武王伐纣在甲子日晨,并逢岁(木)星当空,印证了《尚书·牧誓》中"时甲子日昧爽,王至于商郊牧野"的记录,与《淮南子·兵略训》等古代文献所记相合,具有非常重要的史料价值。

利簋铭文虽然简略,却记录了一次重大历史事件,即武王伐商的"牧野大战",因此,也有人称其为"武王征商簋"。这些铭文是有关武王伐纣史实的唯一文物遗存,价值、意义非凡,誉之为价值连城都似嫌太轻。之前,由于缺乏实物资料,关于牧野之战的具体日期,千百年来,史学界多有纷争,历代学者根据有关记载推算出的年代就有数十种之多。

2000年11月9日,"夏商周断代工程"的重大成果——《夏商周年表》正式公布。有关学科权威专家组成的验收组认为,《夏商周年表》是我国古代历史自西周晚期共和元年(公元前841年)以前,最有科学依据的年表。其中,对武王克商年代、武丁在位年代、夏商分界年代及夏代始年的估定,具有重要创新意义。

西周早期金文书法的典范

——大盂鼎

大盂鼎是西周早期青铜礼器中的重器,制造此器者是康王时一位名叫盂的大臣,此器因此而得名,与之同出的小盂鼎已失。

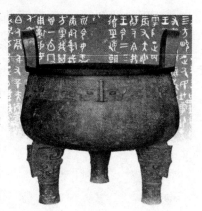

大盂鼎造于西周周康王时期。鼎高101.9厘米,口径77.8厘米,重153.5千克。鼎身为立耳、圆腹、三柱足,腹下略鼓,口沿下饰以饕餮纹带,三足上饰以兽面纹,并饰以扉棱,下加两道弦纹,使整个造型显得雄伟凝重,是现存西周青铜器中的大型器。大盂鼎造型端庄稳重,浑厚雄伟,典丽堂皇,为世间瑰宝。大盂鼎的铭文大字,字体庄严凝重而美观,故在成、康时代金文中,以书法的成就而言,当以大盂鼎居首位。

大盂鼎工艺精湛。其内壁铸有铭文 19 行,为研究西周奴隶制度的重要史料。大盂鼎内壁有铭文 291 字,内容大致可分为三部分:

第一部分用较多文字说明商人纵酒是周兴起和商灭亡的原因,赞扬了周代文王、武王的盛德。表示康王(武王的孙子)自己要以文王为典范,告诫盂也要以祖父南公为榜样。

第二部分主要是康王命盂帮助他掌管军事和统治人民,并且赏赐给盂香酒、礼服、车马、仪仗和奴隶,并叮嘱盂要莫违王命。

第三部分说明盂做此宝鼎以祭祀其祖父南公。

关于大盂鼎的收藏,还是几经波折的。

清朝道光时期的岐山首富宋金鉴把铜鼎买下,因为器形巨大,十分引人瞩目,鼎很快被岐山县令周庚盛占有,他把鼎转卖给北京的古董商人。宋金鉴在考中翰林后出价 3000 两白银又购得了宝鼎,在他去世后,后代以 700 两白银卖给陕甘总督左宗棠的幕僚袁保恒。袁保恒深知左宗棠酷爱古玩,得宝鼎后不敢独自占有,遂将大盂鼎献给上司以表孝心。左宗棠在发迹前曾为湖南巡抚骆秉章的幕僚,理湘省全部军务。虽非显贵,也颇得春风。加之自视极高,恃才傲物,不免为人所嫉妒。咸丰九年(公元 1859 年),左宗棠被永州总兵樊燮谗言所伤,遭朝廷议罪。幸得时任侍读学士的潘祖荫援手,潘祖荫上奏咸丰皇帝力保左宗棠,且多方打点,上下疏通,左宗棠才获赦免。潘祖荫是当时著名的金石收藏大家,左宗棠得大盂鼎后遂以相赠,以谢当年搭救之恩。此后,大盂鼎一直为潘氏所珍藏。虽然也时而有人觊觎此鼎,但毕竟潘氏位高权重,足可保全大鼎无虞。至潘祖荫去世,其弟潘祖年将大盂鼎连同其他珍玩一起,由水路从北京运回苏州老家。大鼎作为先人故物,睹物思人,弥显珍贵,潘祖年视它为传家之宝,不轻易示人。光绪末年,金石大家端方任两江总督。曾一度挖空心思,想据大盂鼎为己有,均为祖年所拒。但端方之欲始终为潘家所患。直至辛亥年,革命爆发,端方被杀。潘家和大鼎才真正逃过"端方之难"。

　　民国初年,曾有美籍人士专程来华找潘氏商谈求让大鼎,出价达数百两黄金之巨,但终为潘家所回绝。20 世纪 30 年代中期,国民党当局在苏州新建一幢大楼。国民党的高官突发奇想,要在大楼落成后以纪念为名办一展览会,邀潘家以大鼎参展,以图无限期占有大鼎。然此拙劣伎俩为潘氏识破,婉言拒绝了参展。

　　1937 年日本全面侵华,苏州很快沦陷。国将不国,人命难保。此时,潘祖年已作古,潘家又无当户之人,皆妇孺。英雄出少年,当此危难之时,潘祖荫的侄孙承厚、景郑等商定将大鼎及全部珍玩入土保全。经反复遴选,决定将宝物藏于堂屋。这是一间久无人居的闲房,积尘很厚,不会引人注目。主意已定,潘家人苦干两天两夜才将全部宝物藏入地下,又将室内恢复成原样。

整个过程除潘家人以外另有两个佣工和一个看门人参与其中,均被反复叮嘱要严守秘密。此后不久,潘氏全家即前往上海避乱。潘宅一时竟成了日军搜查的重点。经过反复的搜查并挖地三尺均无所见,日军也只得作罢。日军占领期间,潘家的看门人曾几次盗掘了若干小件的珍藏,卖给洪姓古董商人。但大鼎过于沉重,无法搬动,得以幸免。

光阴荏苒,在历经 10 余年战乱之后,新中国成立了。潘家后人见人民政府极为重视对文物的保护,认为只有这样的政府才可托付先人的珍藏。全家商议后,由潘祖年的孙媳潘达于执笔,于 1951 年 7 月 6 日写信给华东文化部,希望将大盂鼎和大克鼎捐献给国家。同时也希望将两件大鼎放在上海博物馆展出。7 月 26 日,文管会派专员在潘家后人的陪同下赴苏州,大鼎得以重见天日。为表彰潘达于的献宝壮举,华东文化部于同年 10 月 9 日举行了隆重的颁奖仪式。

上海博物馆于 1952 年开馆,广大民众从此可以自由地欣赏曾经秘藏于深宅,不予示人的国之瑰宝的风采。至 1959 年,北京中国历史博物馆(现为中国国家博物馆)开馆,上海博物馆以大盂鼎等 125 件馆藏珍品支援。从此大盂鼎入藏中国历史博物馆至今。

西周三大青铜器之一

—— 虢季子白盘

在传世青铜器铭品当中，有一件堪称西周青铜器的魁首。这件青铜器就是著名的虢（guó）季子白盘。盘的内底有铭文111字，对这段史实做了详细的记载。就是这样一件鸿器重宝，它的面世竟然充满着"巧"。巧就巧在夜半更深，万籁俱寂；巧就巧在将军秉烛，夜观虢盘。

虢季子白盘，长130.2厘米，宽82.7厘米，高42.3厘米，重215.3千克。通体呈长方形，具四边、圆角。周身满饰窃曲纹及大波曲纹；每边饰兽首衔环，共八兽首。

盘内底部的铭文，讲述虢国的子白奉命出战，荣立战功，周王为其设宴庆功，并赐弓马之物，虢季子白因而做盘以为纪念。铭文中语句以4字为主，且修饰用韵，文辞优美，是一篇铸在青铜器上的诗。

虢季子白盘是怎么被发现的呢？关于虢季子白盘又有怎样的故事呢？清朝同治三年（1864年）5月11日，时任直隶提督的淮军将领刘铭传在追杀太平军的过程中率部占领常州，刘铭传住进了太平军将领陈坤书的护王府。

由于护王手下的将士仍不屈服,经常利用夜晚伏在小街僻巷里进行反抗,所以淮军不得不在夜间加强城防巡视。一天,夜半更深,万籁俱寂,刘铭传在护王府大厅秉烛读书,忽然听到院中有金属撞击的声音,以为有刺客潜入。刘铭传大惊,立刻传呼众亲兵赶到院中搜索。众人里里外外搜一遍,没有发现任何刺客的踪影,再仔细听听,原来声音是从马厩里传出的,循声搜去,才知是马笼头上的铁环撞击马槽发出的叮当之声。马槽向来为木料所制,为何有此清脆金属声音?刘铭传心生疑问,当即命令士兵用灯笼照看,在微弱的灯光下看不清楚,刘铭传就伸手去摸,只觉得清凉异常,仔细分辨才知是一金属物体。

第二天一早,刘铭传好奇地走到马厩中,叫士兵把马槽洗刷干净,这时才看清楚是一个铜盘。此盘形似大浴缸,为圆角长方形,四曲尺形足,口大底小,四壁各有两只衔环兽首,口沿饰一圈窃曲纹,下有波带纹,盘内部有铭文。读过几年古书的刘铭传知道这种文字叫籀(zhòu)文,为三代文字,他暗想此物年代久远,必是国宝,忙叫人"三熏三沐",洗涤干净,并在自己奉命攻击浙江湖州、安徽广德期间,设法叫士兵运回自己的家乡——安徽肥西刘老圩。

后来,刘铭传回乡休假期间请安徽霍山县一位名叫黄从默的老儒生考证该盘的来历。黄老先生辨认出该盘,并告知刘铭传,虢盘原本在道光年间出土于陕西宝鸡的虢川司,为古代西虢国所在地。时任陕西县县令的徐燮钧乃常州籍人士,好古,虢盘近水楼台为徐所得。徐卸任返回时将虢盘带回了常州,至太平天国时期,护王陈坤书镇守常州,虢盘又易手成了护王的珍藏。刘铭传获此国宝,欣喜若狂,就在刘老圩盖了一座盘亭,并作《盘亭小记》记叙此事。虢盘流到刘府,消息不胫而走,引得不少达官贵人争相观赏,而刘铭传偏偏惜盘如命,不轻易示人,为此得罪了不少权贵。

1872年至1884年,刘铭传归乡赋闲期间,大江南北文人名士蜂拥而来,人人叹羡不已。消息很快传到京师一个姓翁的人耳中,他托人到刘老圩说项,愿意出重金购买。刘铭传听言火冒三丈,以生硬的态度回绝了说客。他仍不死心,又叫人前去说亲,愿意将女儿下嫁刘家,做刘铭传长媳,以通秦晋之好。刘铭传左思右想,认为根子还在虢盘上,就以不敢高攀之语谢绝了这门婚事,翁氏大为扫兴,从此和刘铭传交恶。至光绪十一年(1885年)台湾建省,刘铭传赴台湾,当台湾首任巡抚,虢盘则安驻合肥老宅盘亭,未随往台湾。刘铭传去世后,其后人遵照他的遗嘱,小心保护这件国宝。他的后人在此后的几十年间为保护虢盘展开了艰苦卓绝的抗争。

期间最具威胁的先是任国民党安徽省主席的刘镇华。作为地方官的刘镇华在1933年至1936年主持安徽政务期间,独霸专权,横征暴敛,草菅人命,对虢盘更是觊觎已久,多次派人以种种理由到刘府搜劫,虽未果,但刘氏后人却饱受了皮肉之苦。全面抗战暴发前,曾有一美国人托人找刘铭传的曾孙刘肃曾,愿出一笔相当可观的金钱购买虢盘,并答应成交后将其全家迁居美国。随后,法国人、日本人等都曾找上门来愿以重金购买虢盘,均被刘家拒绝。及至1937年"七七事变"后,合肥沦陷,日军入侵,强抢豪夺、无恶不作。面对外侮,刘家后人知不能敌。只得将虢盘重新入土,他们将虢盘深埋,其上铺草植树。而后举家外迁,以避战乱。日寇多次搜掠未果。抗战后,李品仙任安徽省省长,他是一个"古董迷",曾利用职权在皖盗掘楚墓,搅得民声沸腾。对虢盘他更是垂涎欲滴。他一再派人前去索盘,在遭到拒绝后竟将刘家大厅中所挂字画搜刮一空。不久他又派一营部队进驻刘老圩,天天逼刘氏后人交出虢盘。刘家人无奈,只好再次举家出逃避难。在此期间,李品仙的亲信合肥县长隆武功为讨好上司,亲自带人到刘家老宅,将几十间房屋的地板全部撬开并挖地三尺以寻虢盘。终未果,悻悻而去。

虢季子白盘一向被视为西周金文中的绝品。它的金文排列方式与字形处理方式显然有别于其他西周铭文,却与东周后期战国吴楚文存在着某种相近的格局。比如,它非常注意每一个文字的单独性。线条讲究清丽流畅的感觉,而字形却注重疏密避让的追求,有些线条刻意拉长,造成动荡的空间效果。造型的精练与细密,也使我们惊讶于西周金文中这样清丽秀逸的格调。

为了充分体现虢季子白盘的这种艺术格调,创造者们还特意对文字排列进行了"处理"。于是,在整篇珠玑璀璨的大效果中,我们又看到每一文字独立美的凸现:一个字,就是一个世界、一个浩瀚的宇宙。千变万化的姿态被孕育在每个字的造型中,使观赏它的人们如行山荫道中,美丽景色目不暇接。

来自古代的兵器

——吕不韦戈(戟)

我们在电视上经常能看到古代题材的影片,有些战争场景,金戈铁马,气势非凡。我国古代的兵器,更是让人眼前为之一亮。下面我们就讲述一下曾帮助秦王嬴政统一六国的兵器——吕不韦戈(戟)。

秦代的兵器在兵马俑坑以及陕西咸阳附近都有发现,其中青铜制的戈和戟较为常见,主要有四年相邦吕不韦戟、五年相邦吕不韦戈、七年相邦吕不韦戈以及八年相邦吕不韦戈等。所谓戟,是戈和矛的合体,也就是在戈的头部再装矛尖。

吕不韦,姜姓,吕氏,名不韦。战国末年著名商人、政治家、思想家,后秦国丞相,卫国濮阳(今河南濮阳西南)人。吕不韦原是阳翟(今河南禹州)的大商人,故里在城南大吕街,他往来各地,以低价买进,高价卖出,所以积累起千金的家产。他以"奇货可居"闻名于世,曾辅佐秦庄襄王登上王位,任秦国相邦,并组织门客编写了著名的《吕氏春秋》,即《吕览》。根据秦国的规定,丞相负责全国政务,铸造兵器的事也由丞相监督,因而兵器上要刻丞相的名字。兵器上还要刻皇帝的年代,例如"四年",就是秦王政四年(公元前243年)。

四年相邦吕不韦戟在2007年出土于兵马俑坑中,由青铜戈和矛以及木柄组成,全长2.87米,是目前国内发现的唯一一件保存完整的青铜戟。

青铜质的戈头全长26.7厘米,援呈弧形,刃部经过修复后仍然十分锋利。戈的内部刻有"四年相邦吕不韦造""寺工"等珍贵铭文,其中"寺工"是史书里明确记载的秦始皇时代的兵器铸造局。

五年相邦吕不韦戈在1974年出土于兵马俑一号坑中,由援、胡和内三部分组成。援呈弧形,刃部经过修复后仍然十分锋利,固定在木柄上,内的中部也有一穿。铭文为"五年相邦吕不韦造"。

七年相邦吕不韦戟同样是 1974 年出土于兵马俑坑中，通高 32 厘米，由戈和矛两部分组成。戈头的形态与前两件大致相同，援呈弧形，胡有四穿，内的中部也有一穿。铭文为"七年，相邦吕不韦造，寺工告，丞义，工兢"。其中吕不韦以及寺工的名字为"告"，寺工丞的名字为"义"的人，都是监督者，而寺工名字为"兢"的人，是这件兵器的实际铸造者。

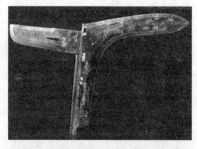

　　也就是说，如果这件兵器出了问题，可以直接追究兵器的铸造者"兢"，以及监督这件兵器铸造的"义"和"告"，乃至丞相吕不韦的责任。这实际上也就是秦国完善军事系统的一个缩影。

　　八年相邦吕不韦戈 1978 年出土于陕西省三原县附近，戈头的援稍微上扬，内部平直，中有一穿；胡的下部残折，仅存二穿。援、胡、内三部分均有锋利的刃。戈内正面有铭文 15 字。

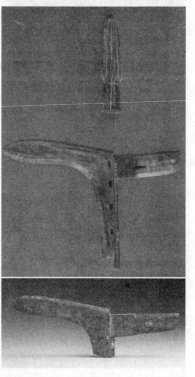

　　另外还有出土于四川地区的九年相邦吕不韦戈，是年代最晚的一件吕不韦戈。根据《史记》记载，在秦王政九年（公元前 234年），与吕不韦关系密切的嫪毐作乱，秦王政诛嫪毐，并罢免吕不韦，次年吕不韦忧惧自杀。

　　秦国之所以能够所向披靡，并吞东方六国完成统一，先进的武器是必不可少的条件。这些吕不韦戈（戟）成为了历史的见证。

宝剑为何千年不锈

——越王勾践剑

在中国古代军事史上，剑是一种十分常见的武器。它构造简单，使用灵活方便，两面都有利刃，剑端有锋，既可横斩，又能直刺，平时带在身上自卫，战场上挥剑格斗用以杀敌。

那么，剑到底产生于什么时代呢？从历史资料分析，大约在商代末期，即距今 3000 多年前，就可能出现了剑，不过现在还没有发掘到商代剑的实物。能够找到的最古老的剑，要算在陕西长安发现的一把西周时期很短的青铜剑。说明最迟在西周时，剑就已经发明了。

西周时期，军队主要是靠驾驶战车进行交战，双方相距较远时用弓箭对射，靠近时则用戈和矛这些长兵器对杀，剑这样短小的武器，只有在贴身肉搏厮杀时，才有"用武之地"，所以这个时期剑还没有普遍地被使用。到了春秋时代，车战渐渐退居到次要地位，步兵和骑兵发展起来，十分需要适合近战的短兵器，于是剑逐渐受到重视并流行起来。剑的形制也有了改进，剑身长由以前的 20—30 厘米，增加到 50 厘米以上，这样可提高刺杀效能。到了春秋晚期，各诸侯国互相争霸，战争越来越多，越来越激烈。在南方，即现在的江苏、浙江一带，出现了两个军事强国吴国和越国。由于两国都地处水乡地区，不便于车战，步兵和水军便成为军队的主要兵种，短兵器逐渐取代长兵器，于是剑成为近战格斗的一种重要武器。

由于吴越两国都十分重视剑的生产，一大批铸剑的名师巧匠，如欧冶子、风胡子、干将、莫邪等，便纷纷聚集到吴越两国，使得这两个国家的铸剑水平远远超过中原各国，历史上有名的季札挂剑的故事即反映了这一点：季札是吴国的太子，他奉命出使中原的晋国，途经徐国，徐国国君便看中了季札佩带的宝剑，十分羡慕和喜爱，言谈话语中有所流露，但又不好直接明说。季札看出了他的意思，也想把剑送给他，但考虑到要出使晋国，没有名剑装饰，礼节上是不行的，便暂时没把剑送给徐君。等他归途再过徐国时，徐君已死去，季札便将佩剑挂在徐君墓旁的树枝上，把剑赠给徐君，以表示不违背自己的心意，然后悲叹而去。由此可见吴国的宝剑精美优良，远近闻名。

同样，越国的宝剑也非同一般，越王勾践曾特地请著名铸剑大师欧冶子为他铸造了五把名贵的宝剑，名为湛卢、纯钩、胜邪、鱼肠、巨阙，都是"削铁如泥"的稀世宝剑。其中的"鱼肠"剑后来被吴王阖闾得到，他请来刺客把剑藏于鱼腹中，冒充厨子上菜以刺杀吴王僚。吴王僚平时已严防剑客，衣服里穿上了厚厚的铁铠甲。刺客专诸瞒过卫士的搜查，走近吴王僚时，从鱼腹中抽出"鱼肠"剑，向吴王的胸脯扎去，刺穿了铁铠甲，剑端穿出后背脊梁。可见此剑是何等的锋利！

随着时间长河的流逝，吴越两国的宝剑都渐渐消失，下落不明了，但值得庆幸的是，新中国建立后我国考古工作者经过长期辛勤的探寻，终于相继发掘出越王勾践剑、越王州勾剑、越王盲姑剑、越王鹿郢剑、吴王夫差剑和吴王光剑，都是那个时期卓越的铸剑工艺的灿烂结晶，使我们能够重睹2400多年前吴越铸剑大师的光辉杰作。

越王勾践剑于1965年出土于湖北省江陵县（现荆州市荆州区）的一座楚墓中。剑通长55.6厘米，宽5厘米。剑柄为圆柱体，出土时上面还残存着当年缠绕丝绳的痕迹，剑格（剑身与剑柄交接处凸出的部分）正面用蓝色琉璃，背面用绿松石镶嵌出美丽的花纹，剑身布满菱形几何暗花纹，剑身靠近剑格的地方刻有鸟篆体铭文。鸟篆体又叫"鸟虫书"，是篆书的变形，字的笔画常常像虫像鸟，类似今天的美术装饰字。字迹非常清楚。整个剑制作精良，保存如新，毫无腐蚀生锈之处，剑身青光锃亮，剑刃则如同一股冬天里的寒泉，寒光闪闪，锋利无比，被誉为精美的吴越

青铜剑之首。

　　剑身上刻有"越王勾践"的名字，勾践是谁呢？他是越国的第二代国君，也是我国历史上非常有名的一位国君，"卧薪尝胆"这个成语就与他有关：当时吴国和越国都强盛起来，参加了诸侯国之间的争霸战争。吴王阖闾率兵攻破了楚国的都城，而楚国联合越王勾践攻打吴国后方，阖闾回师攻打越国，遭到失败，阖闾受伤而死。阖闾的儿子夫差接着打败越军，俘虏了勾践，迫使勾践降服，勾践成了亡国之君，受尽各种凌辱，但他一直不忘亡国的耻辱和仇恨。

　　返回越国后，为了激励斗志，发愤图强，他天天夜里睡在柴草上，又在起坐和睡觉的地方悬挂着苦胆，吃饭睡觉之前都要舔尝一遍胆的苦味。经过长期的准备，越国又逐渐强大起来，终于打败了吴国。

　　越王勾践剑就是当年勾践亲自用过的指挥杀敌的宝剑。虽然，它在地下已经埋藏了 2000 多个春秋，但至今仍未生锈，仍然如同当年那样锋利无比。出土后，科学工作者曾做过一次试验，以检测它的锋利程度：轻轻一挥宝剑，就把十几层叠成一扎的白纸切断了，令人惊叹！越王勾践剑"青春常驻"，永不衰老的奥秘何在呢？

　　1977 年，科学家利用质子 X 荧光非真空分析技术，对剑进行了无损伤的测定,判定此剑主要成分是铜、锡、铝、铁、硫,它的剑身中脊含铜多,韧性好而不易折断;刃部含锡高,则硬度大,非常锋利。这种不同成分的金属配方又是怎样铸造在同一把剑上的呢?经有关专家研究分析的结果,认为是采用了复合金属工艺,即是分两次浇铸使之复合成一体。这种复合金属工艺,是我国古代劳动人民在冶金工艺方面的重要创造,而世界上其他国家直到近代才开始使用这种工艺。此剑的剑柄、剑格和剑身上都有暗黑色的菱形几何花纹,这既是一种装饰,同时更重要是一种先进的防锈工艺;经鉴定,它的化学成分是硫化铜,具有防腐蚀防生锈的性能。由于复合金属工艺和硫化铜的"功劳",勾践剑才仍能闪耀着当年锋利无比的光辉。

到这里,善于思考的少年朋友一定还会发现一个问题,为什么产于长江下游越国的剑会在千里迢迢之外的长江中游的楚国墓葬中发现呢?这也正是历史学家和考古学家十分感兴趣并为之探索的问题。据分析,这与当时各诸侯国之间的战争、馈赠、婚姻和交往有关。史书记载,越王勾践的女儿是楚国昭王宠爱的妃子,此剑有可能是她嫁入楚国时的陪嫁品。另外,也有可能是楚国从越国缴获的战利品,因为越国后来是被楚国灭掉的。还有一种可能是越楚两国联合抗吴时,越国赠送给楚国的,等等。可以想见,不管是哪一种情况,这把经历过2000多年前社会大变革时期风风雨雨的名剑,一定有着一段极不平凡的身世和经历。

"神秘的中山王国"文物

——错金银四龙四凤方案座

错金银四龙四凤方案是战国时期文物。通高36.2厘米，上框边长47.5厘米，环座径31.8厘米，重18.65千克。"错"，是金银镶嵌的一种工艺。"案"，是古人所用小桌，漆制案面已朽。1977年冬，平山县出土。现藏于河北省博物院。

此案座周身饰错金银花纹。下部有两牡两牝四只侧卧的梅花鹿环列，四肢蜷曲，驮一圆环形底座。中间部分于环座的弧面上，有四条神龙，分向四方。四龙造型独首双尾。龙身蟠环纠结之间各有一凤，引颈长鸣，展翅欲飞。上部龙头上各有一个小斗二升式的斗拱托起方形案框，斗拱和案框饰勾连云纹。此案动静结合，疏密得当，一幅特殊的龙飞凤舞图跃然眼前，第一次以实物面貌生动再现出战国时期的斗拱造型，突破了商、周以来青铜器动物造型以浮雕或圆雕为主的传统手法。

错金银四龙四凤方案座在出土时,案座上的漆器木质板已经腐烂,坍塌下来的泥土已经将方案压得变了形。于是,案座被放在文物研究所的修复室里,当时一位名叫刘增坤的负责文物修复的老师傅每天沏上茶对着器物进行观察,足足观察了三天,他才动手用钢锯把文物解开,然后又重新焊上。经过他的妙手修复,这件国宝恢复了它原有的神采。一直以来,国家文物局对这件东西都非常重视,规定不准翻模子复制。曾经有一家北京的文物部门打算利用其他手段复制这件文物,终因工艺太复杂而无法完成。

据参加考古工作的陈先生回忆说,错金银四龙四凤铜方案座拿到法国、日本等国家展览时,展览主题都叫作"神秘的中山王国"文物。说古中山王国神秘,是因为它在历史上没有专门的记载,直到发现了中山墓葬,出土了大量的文物,才为研究中山国的历史和文化提供了大量的"素材"。

可贵的是,中山王墓出土的文物几乎是当时中山国的工匠自行设计制作的,尤其是青铜器的冶炼和制作技术,达到了炉火纯青的地步。翻开历史,倒也不难发现,我国青铜器制作和使用过程从夏商就已开始,到了战国时期,青铜铸造技术达到最高峰。当时的工匠们都是辈辈相传铸造青铜器的,因此当时的器物造型后代不好临摹也就不难理解了。

中山王墓的发掘时间可以追溯到 20 世纪 70 年代。

1974 年冬天,河北省平山县三汲乡农民开展大规模平整农田的事情,引起了文物管理部门的注意。农民们不断到附近一些被怀疑是古墓的大土丘上取土,已经对古墓造成了破坏,于是,考古人员迅速赶到了现场。

1975 年至 1979 年,河北省考古工作者对两座大型墓葬进行了发掘,打开了一个在地下封闭 2000 多年的巨大艺术宝库。其中位于城址外的一号墓是中山王系的第五代中山王墓,位于城址王陵区内的六号墓是第四代中山成王墓。两墓建制基本一致,墓室构造奇特,建造精致,规模宏大。但椁室以及车马坑已被盗扰、焚烧,出土文物较少。而与椁室不相连的藏器坑,依然保存完好,出土文物十分丰富,达 19000 余件,其中有大量珍品出土,令世人震惊。国宝"错金银四龙四凤铜方案座"就在其中。

楚贵族墓群中发现的绝世珍品

——云纹铜禁

云纹铜禁,1978年河南省南阳市淅川下寺出土。禁为承置酒器的案,其身以粗细不同的铜梗支撑多层镂空云纹,12只龙形异兽攀缘于禁的四周,另12只虎形异兽蹲于禁下为足。

1978年,河南省文物部门对楚墓进行了抢救性发掘,共发掘出了大小春秋楚墓24座,出土了大量精美文物。其中仅下寺2号楚墓就出土大型青铜礼器80余件,车马器、兵器、玉器、金箔、骨贝等6000多件。在这些国宝中,就有这件被誉为河南博物院九大镇院之宝之一的云纹铜禁。云纹铜禁主要用作尊、卣、壶类酒器的器座。铜禁在传世器和考古中都很少发现,而此件云纹铜禁可算得上是禁类青铜器中的精品。

禁,是承置酒器的案具,起于西周初年,灭于战国时代。之所以称"禁",是因为周人总结夏、商两代之所以灭亡,都是嗜酒无度造成的。在中国历史上,禹可能是最早提出禁酒的帝王,相传"帝女令仪狄作酒而美,进之禹,禹饮而甘之,遂疏仪狄而绝旨酒,曰:'后世必有以酒亡其国者'"。夏、商两代末君,都因沉湎于酒而国家破亡。周鉴于此,发布了中国最早的禁酒令《酒诰》,其中规定:王公诸侯不准非礼饮酒,只有祭祀时方能饮酒;民众聚饮,押解京城处以死刑;不照禁令行事执法者,同样治以死罪,在这种情况下,王公诸侯虽在祭祀时可以饮酒,甚至违法饮酒,但承置酒器的案具却烙下中国第一个"禁酒"时代的印痕——名曰"酒禁"。

可是有谁能想象得到,这件有着不凡身世的精美的器物曾经破碎成一地铜碴儿,会变得面目全非呢?

由于千年的水浸和腐蚀,云纹铜禁出土时已成数百块碎片,整整装了两个麻袋。然而,现在的云纹铜禁和它刚出土时的模样大相径庭,这是后来经过河南博物院青铜器修复专家王长青的妙手修复之后才将这一稀世珍宝的原貌呈现于世人面前的。现在的云纹铜禁长 131 厘米,宽 68 厘米,禁身全部是粗细不同的铜梗所铸造,工艺十分复杂而又精良。

修复云纹铜禁用了两年多的时间,专家不分黑夜白昼地守在那一堆铜碴儿前,一片一片地研究它们的断痕,一个一个细致小心地拼接,如果没有足够的耐心和毅力,这样的工作简直无法想象。

云纹铜禁剔透玲珑,厚重庄严——是什么构建起它这令人叹为观止的绝世恢弘?

粗细不一的铜梗,如编织中国结一般,筑成铜禁禁体的朵朵"云彩"——铜梗共有 5 层,最内一层铜梗最粗,作为梁架;每根梁架两侧,伸出数条支梗,一如搭建建筑构件的斗拱。支梗纵横交错,相互卷曲盘绕,却又互不相连,都在单独以最内层、也是最粗的铜梗梁架作为支撑。如此这般,重叠 5 层,美轮美奂。禁身四周,攀附的 12 只龙形怪兽有序排列,它们曲腰卷尾,探首吐舌,把嘴巴伸向禁体中心,不但形成群龙拱卫的艺术造型,还似垂涎酒的醇香、贪恋酒的美味。禁体之下,有序地蹲伏着 12 只虎形异兽,张口吐舌,似不堪重负,似气喘吁吁,托起禁身,更构筑起铜禁的庄严、神圣。

怪兽是龙是虎，似已无关紧要。但它们与禁身共同构建而成的铜禁，恰似在云游青天，那飘荡的朵朵祥云把铜禁装点得腾云驾雾，似梦如幻，飘然欲仙。

"云纹铜禁"霸气十足，但它不过是楚庄王的儿子、楚共王的司马、楚康王的令尹——子庚的随葬品。此禁整体用失蜡法（熔模工艺）铸就。文献所见中国最早用失蜡法工艺的时间，在唐代初年《唐会要》说，高祖武德年间铸造开元通宝，用的就是失蜡法。因失蜡法文献所见较晚，学界一般认为中国失蜡法工艺源自印度。1978年云纹铜禁的出土，将中国失蜡法铸造工艺的历史向前推进了1000多年。

地下音乐厅的钟声

——曾侯乙编钟

1978 年的夏天,湖北省随县(今天的随州市)发生了一件轰动考古界的大事:在县城西北约 3 千米的一个叫擂鼓墩的地方,考古工作者发掘了一座大墓。墓的主人是战国初期诸侯国曾国的一位名叫乙的国君,他在地下已经沉睡了 2400 多年。墓中出土各种文物达 7000 多件,数量之多,制作之精美,文字资料之丰富,都是同类古墓发掘中极为罕见的。而这些器物中最为珍贵、最为引人注目的是 125 件各式各样的乐器。它们包括巨型编钟一套 65 件、编磬一套 32 件以及排箫、竹簧笙、横吹竹笛、建鼓、短柄双面鼓、悬鼓、十弦琴、二十五弦瑟、五弦琴等,可以说乐器中的三大类——管乐器、弦乐器和敲击乐器在这里样样俱全、应有尽有。这是我国考古发掘的一次空前大发现,充分显示了我国音乐文化的光辉灿烂和源远流长,为音乐史的研究提供了极为丰富而可靠的重要实物资料。如果把这次发现比作是打开了一座地下音乐厅的大门,那么,当我们走进这座大厅时,看到的规模最大、气势最壮观、最令人惊叹的乐器,就是青铜铸造的一套巨型编钟了。

什么是编钟呢?简单地说,钟是一种重要的敲击乐器,中间是空心状,用相应工具敲击发声。编钟则是把几个甚至几十个钟悬挂在一起,用来进行合奏,声音优美,变化丰富,非常有气势。这套曾侯乙编钟就是由 65 件钟共同组合而成,其中包括纽钟 19 件,甬钟 45 件和楚国的惠王赠送的一件镈钟。这些编钟按照形状大小和声音高低的不同,有次序地编成了 8 组,分上、中、下三层悬挂在铜木结构的钟架上,中层和下层各有三个佩剑小铜人用头和双手支撑着梁架,铜人看上去非常形象逼真,好像杂技表演中全神贯注,顶着重物的大力士,使整个钟架显得灵巧而又富有生气，更加突出了编钟的重要位置和作用。全套钟架形体巨大，由多达 245 个零件组成，还可以拆卸，由于设计精巧，结构合理，所以非常稳当而又坚固。

编钟虽然在地下历经了 2400 多年的漫长岁月，出土时却仍然高高屹立，没有倒塌。要知道钟架本身就有 5000 多斤重，而钟架上还悬挂着沉重的编钟，编钟的重量加起来达 5134 斤，其中最重的一件有 407 斤，这真是一个了不起的奇迹！它体现了我国古代劳动人民杰出的聪明智慧和创造才能，令人赞叹不已。

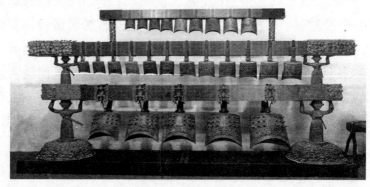

细心地观看编钟，我们会发现每一件上都刻有铭文，是用古老的篆字写成，而且绝大多数还是用黄金丝镶嵌的，这叫错金文字，一共 2800 多字，内容都是有关音乐方面的，记录了每一件钟的音名，也就是标明了这件钟该发什么音，那件钟又该发什么音，还记录有乐律名称 53 个，其中 35 个是过去所不知道的。此外，对其他诸侯国如楚、晋、齐、申等国与曾国在音律名称、音阶名称和变化音之间的对应关系也有详细的记录，反映了当时各诸侯国在文化艺术上相互交流的情况。这些铭文，如同一本古老的音乐学著作，真实地记下了当时音乐发展的状况和水平，为研究我国的音乐艺术提供了珍贵可信的文字资料。

经过音乐考古专家把铭文所标明的音与钟体实际测出的音对照后，发现编钟音律十分准确，不仅具有七声音阶，而且在 7 个音之间还有 5 个完备的中间音，已形成了完整的 12 乐音体系。它的音阶结构与我们今天国际上通用的 C 大调 7 声音阶是一致的，音的变化范围宽广，从最低音到最高音,跨越了 5 个八度音级,仅仅比现代钢琴音域的两端各少 1 个八度音级,乐音的排列顺序也与现代钢琴相同。

有趣的是,这套编钟的每一个钟,因敲击的部位不同,都能发出两个不同的乐音,这真是个独特的创造,不但世界上没有先例,就是我国的学者也仅仅是在研究了这套编钟后才知道这一奇巧发明的。

曾侯乙编钟发音准确,音质音色优美动听,在音乐艺术上达到很高的水平。可是别忘了,这在很大程度上还应归功于它那高超的铸造技术。编钟熟练地使用了分范合铸、镶嵌花纹等技术。最大的那件钟,整个铸型使用的陶范和陶模多达 78 块。整套编钟制作十分精细,钟体内很少有铸造拼接所造成的缺陷,这样才保证了音律的高度准确,这即使在现代技术条件下,也是很不容易做到的。

曾侯乙编钟至今音乐性能仍然良好,奏出的乐曲听起来清脆洪亮而又悠扬婉转,令人感到气势磅礴、心旷神怡,陶醉而又振奋。在世界上,人们也为之惊叹。美国著名小提琴家梅纽因参观了这套编钟后感慨地说:"希腊的音乐是全世界都承认的,可是希腊的乐器是竹木的,到现在不能保存下来,只有中国的乐器还能够使我们听到两千多年前的声音。"曾侯乙编钟,不愧是我国优秀民族音乐的瑰宝,也是世界文化中的珍贵财富。

如今,曾侯乙编钟陈列在湖北省博物馆宽敞明亮的展览大厅,每天迎送着络绎不绝地参观的人们。亲爱的少年朋友,如果有一天你去了武汉,你可要去看一看这套宏伟壮观的大型青铜编钟啊!

活灵活现的屏风座

——虎噬鹿屏风座

战国中后期,在今日河北省平山县境内曾经存在过一个较小的王国,它在周围众多诸侯大国虎视眈眈地觊觎之下,依然创造了高度的文明。而在1977年,这个王国的王家墓地被发现了,在令人目不暇接的出土宝物中,一件"虎噬鹿器座"青铜器尤为引人注目。虎噬鹿器座长51厘米,高21.9厘米,重26.6千克。

虎噬鹿屏风座,错金银青铜制品,于战国时期制作,出土于河北平山中山王墓。

我国春秋战国时期的动物雕塑作品种类繁多,精品迭出,而且艺术家们已不再满足于仅仅将人和动物作为单体来表现,而是将视线转向更宽广的空间,热衷于表现人与自然的关系,表现动物之间的共存和争斗。其中,最为生动的作品当属这件著名的虎噬鹿屏风座。

这是一件屏风的底座。虽然从实用角度讲,它应当坚固、稳定,但作者却独具匠心地创造了充满动感的双兽形象:一只色彩斑斓的猛虎用巨口和利爪紧紧抓住拼命挣扎的小鹿,虎腹贴地,虎尾高高甩起,前足一爪扑住猎物,一爪向后用力支撑,后足则一前一后大跨度地蹬着地面。这是一个积蓄万钧之力,引而未发的瞬间,充满了强大的内在力量。它的身体似乎马上就会猛烈地转向另一个方向,而那只可怜的小鹿眼看着就将被撕得粉碎……这是多么惊心动魄的生存斗争!

这件作品表明,战国时代的艺术家们在动物雕刻方面已经跨越了一般的形似阶段,开始注重于动感和力度的表现,并有意地选择最能吸引人的瞬间去表现动物的神态。这也体现出"百家争鸣"的社会形态对艺术的深刻影响。

虎噬鹿屏风座反映了作者对于客观对象的敏锐观察与高超的表现技巧。错金银和镶嵌技艺的巧妙运用,也增强了作品的表现力,虎噬鹿屏风座结合鹿身的梅花斑、虎背的条斑等毛皮花纹的变化,分别镶、错以形状各异的金银纹饰,与强烈的动势相应,产生闪烁不定、富于动感的色彩效果。此外,中山国墓出土的一批动物形器物,如错金银犀器座、错金银兽、错银双翼铜兽等,也都突出了不同兽类的情态,并采取了互不雷同的装饰手法。

虎噬鹿屏风座的主要材料有金、银和铜等金属成分,三者所占比例不同,铜占 80%,金仅占有 9%,银占 11%。虎噬鹿器座是采用金银错工艺,金银错工艺最早始见于商周时代的青铜器,主要用在青铜器的各种器皿、车马器具及兵器等实用器物上的装饰图案。金银错是中国青铜时代一项精细工艺，但它出现比较晚。它是青铜工艺发展了1000多年以后，即到春秋中晚期才兴盛起来的，它是中国古代科学技术发展到一定阶段的产物，但它一出现，很快就受到了人们的普遍欢迎。战国两汉时期，金银错青铜器大量出现，在人们生活的各个领域中广泛流行，考古发现战国至汉代的金银错青铜器以千百计。但是，"夕阳无限好，只是近黄昏"，对于中国的青铜时代来说，它只不过是一抹绚丽的晚霞。

虎噬鹿屏风座是采用镶嵌的装饰方法，又叫镂金装饰法。1973年，中国著名学者史树青，在《文物》上发表了一篇《中国古代的金错工艺》，主要就是谈这种方法。其制作分四个步骤：第一步是做母范预刻凹槽，以便器铸成后，在凹槽内嵌金银。第二步是錾槽。铜器铸成后，凹槽还需要加工鉴凿。精细的纹饰，需在器表用墨笔绘成纹样，然后根据纹样，鉴刻浅槽，这在古代叫刻镂，也叫镂金。第三步是镶嵌。第四步是磨错。金丝或金片镶嵌完毕，铜器的表面并不平整，必须用错石磨错，使金丝或金片与铜器表面自然平滑，达到严丝合缝的地步。据史料记载，当时中山国有位叫司马惠的大臣和一位名叫阴姬的宠妃，而关于虎噬鹿屏风座的传说就是围绕着这两个人。

民间传说，司马惠是一个爱国爱民的忠臣，为了减少国君的暴戾之气，他想到了一计，而要实行这个计划，就必须得到国君的宠妃阴姬的帮助。一日国君和阴姬在宫中就寝，阴姬突然从梦中惊醒，原来她梦见自己在一个景色怡然的日子里在河畔游玩，只见一只小鹿在河边饮水，突然一只猛虎从林中窜出，抓住小鹿紧咬不放。国君觉得这个梦有不祥的征兆，但是又想不明白它预示着什么，此时阴姬提醒他不妨找司马惠来解这个梦。司马惠一来，国君要他以实相告。他讲到鹿是祥瑞之物，它在河边饮水正说明是中山国休养生息的时候,而虎是外来的猛兽,象征着国外的强敌,血则预示着刀兵之灾。这个梦说明现在与外国开战只会破坏中山国难得的安定。国君听完,连连点头。他下令铸虎噬鹿屏风座,以便时刻用这个故事来警戒自己。

最古老的"冰箱"

——青铜冰鉴

少年朋友们，我们现在有冰箱，可以把东西放在里面保鲜、冷冻。那么，在古代，人们用什么来让食物保持新鲜呢？那就是下面要为大家介绍的最古老的"冰箱"——青铜冰鉴。

在我国古代，人们就发明了食物防腐保鲜的方法。《诗经》中就有奴隶们冬日凿冰储藏，供贵族们夏季饮用的记载。古籍《周礼》记载"祭祀共冰鉴"。"鉴"其实就是个盒子，里面放冰，再将食物放在冰的中间，起到对食物防腐保鲜的作用。由此可见，鉴是我国的冰箱之祖了。

青铜冰鉴是战国时期的一件冰酒器，原器1978年出土于湖北随县曾侯乙墓中，它是曾侯乙墓青铜器的代表器物之一，集中表现了曾侯乙墓青铜器新颖、奇特、精美的特征。四足是4只动感很强、稳健有力的龙首兽身的怪兽。4个龙头向外伸张，兽身则以后肢蹬地作匍匐状。整个兽形看起来好像正在努力向上支撑铜冰鉴的全部重量。鉴身为方形，其四面、四角一共有8个龙耳，作拱曲攀附状。这些龙的尾部都有小龙缠绕，还有两朵五瓣的小花点缀其上。

青铜冰鉴整体为方鉴内套方形的缶的形式，上有镂孔盖，盖身正中有方形孔，正好套住方壶口。

方形的缶有盖，溜肩，下腹内收，底部有带穿的方足。方鉴底部与方形的缶方足穿眼相应部位安有弯形栓钩，正好插入壶足穿眼，把壶稳定住。其中一只栓钩还装有倒钩，栓钩插入后，倒钩自动倒下卡紧,使壶不能摇动。该鉴腹部和四角有8个龙形耳,龙头顶承8块接檐式铜饰,四足作兽形,四周外口沿均饰以镂雕或浮雕勾连云纹、蟠螭,异常精美。

若将上面的盖子拿开,俯视它的形状如同一个"回"字。这好比今天的暖水壶,有个外壳,还有个内胆。不同的是暖水壶的外壳和内胆之间距离很小,而这冰鉴的外壳和方壶之间则是个很大的空间。

说到这里,还有一个巧妙机关是极少数专业人员才能看到的:那就是在鉴底内层和壶底相接的部位,有呈品字形的3个弯钩,其中一个弯钩带有可以活动的倒钩。而方壶壶身外侧近壶底部分有3个长方形榫眼,当方壶放入鉴中即将触及底部时,便会同时触动活动弯钩,一待方壶落到鉴底部,那3个长方形榫眼恰好与鉴的3个弯钩相套合,其中的活动弯钩也自动倒下,从而使壶身稳定不移。若要从鉴中取出方壶,则需将活动弯钩搬起。

在中国古代,一般情况下,人们喜欢温酒,温酒不伤脾胃。夏季也嗜喝冷酒,冷酒可以避酷暑。当时的酒是米酒,存放时间一长,便发酵过度而变味。该鉴使用时壶内装酒,在鉴内放入冰块,可使酒凉,阻止它的发酵变味。该鉴出土时带有长柄的铜勺,是舀酒的用具。当然也可以在鉴腹内加入温水,使缶内的美酒迅速增温,成为冬天时饮用的温酒。这"冰箱"还是无氟的,冷暖两用的,完全绿色的。可以说,青铜冰鉴是迄今为止世界上发现的最早的、最原始的绿色冰箱,是一个构思精巧,实用性与艺术性高度统一的青铜器物,也是迄今发现的部分采用失蜡法铸造的较早的典范作品。

地下深处的千军万马

——秦始皇陵兵马俑

在距离历史古都西安东北 30 多千米的临潼区城东的骊山之北,有一处著名的文物古迹。无论是阳光明媚的春天,还是北风呼啸的冬季,一年四季,每天都有数以千计的人前往那里参观,他们有来自全国各地的游客,还有来自世界各地的外国朋友。是什么古迹具有这么强大的吸引力呢?原来,那里的地下深处,埋藏着一座规模巨大的"军营",它们是我国第一位皇帝——秦始皇死后,陪葬的一支庞大的"军队"。这,就是举世闻名的——秦始皇陵兵马俑。

我们先从它的发现说起,这是一次十分偶然的发现。1974 年 3 月,为抗旱在村南打井时,在地下约 4 米深处,出乎意料地发现了陶制人头,接着又发现了许多陶制的身体和手脚,它的大小与真人的差不多。文物部门在接到情况报告后,马上组织考古人员前往那里进行探察和试掘。当把大量表土挖开后,一个前所未见的神话般的奇迹便展现在人们面前:在 5 米多深的一条条坑道内,整齐地排列着一队队身披铠甲、手持兵器的体形如真人一般大的武士陶俑,还有马车的陶马俑。这就是最初引起轰动的一号兵马俑坑。

一号坑为长方形,东西长 230 米,南北宽 62 米,总面积 14000 多平方米,有两个足球场那么大。坑内埋入了大量的陶兵陶马,这是一个排列整齐,组织严密的雄伟军阵。它的兵力配备分成 4 个部分:前锋、主体、侧翼和后卫。前锋位于坑东端即军阵最前方,面向东方,由 204 名武士组成,横列为 3 排,每排 68 人,除 3 个领队身穿铠甲外,其余的都身穿短战袍,腿扎绑腿,手持弓弩,显得勇猛敏捷,似乎随时准备快速出击。前锋的身后，是 38 路纵队，人数众多，步兵、战车相间，人人都身穿铠甲，手持长矛战戈和弓箭，威武壮健，英姿焕发，眼睛虎视东方，这是军队中兵强马壮的主力阵容。后卫在军阵的尾端

（即西端），也横列 3 排，前两排面向东方，最后一排面向西方，他们掩护着大部队的前进。侧翼卫队在南北两侧，各为一列东西向的横队，分别面向南方和北方，以防范来自两侧敌人的攻击。整个军阵以步兵和战车组成，阵形周全严密，真是进攻起来势不可挡，防守起来坚不可摧。如今，在这个坑上已建起一座大型的拱形钢梁大厅，开辟为秦始皇兵马俑博物馆，供广大中外游人参观。那千军万马排山倒海，锐不可当的磅礴气势，真是令人震惊而又陶醉！

其实，秦始皇的千军万马还不止这些，这座拱形大厅下的庞大军队只不过是秦始皇地下兵团左、中、右三军中的一军而已，它是以步兵为主的右军。只要熟读兵法就知道，打仗需要密切配合，而不是孤军作战。战国时著名的兵书《孙膑兵法》就明确地记载有："方阵之法，必薄中厚方，居阵在后……"意思是打仗排阵的法则为：以左军为先锋，位于正前方；以右军为主力，列于前锋之后；中军为轻装，以灵活机动地配合作战；主帅的"司令部"位于兵阵后方。秦始皇的兵阵在战国纷争的时代是非常有名的，正是采用了这种具有强大战斗力的阵法。那么，其他各军又埋藏在哪里呢？

左军就在一号坑的东端北侧，相距约 20 米，这个坑是 1976 年 4 月发现的，称为二号坑，总面积约为 6000 平方米，共出土兵马俑 1300 多件，兵车 80 多辆。它的阵法比一号坑更复杂，有步兵、车兵和骑兵，属于各兵种联合编组的大型混合军阵，他们互相配合，协同作战，可以取长补短，具有更大的灵活性与战斗力。

二号坑发现后不久，又在一号坑的西端北侧约 25 米处发现了三号坑，面积约 520 平方米。规模虽然不大，但它的地位和作用却非常重要，它就是三军的最高指挥部。出土 64 件步兵铠甲俑，都是身高在 1.75 米以上的"彪形大汉"，最高的达 1.9 米，他们手握武器，威严挺立，警卫和保护着军队的核心统帅机构。

随后，又在一号、二号、三号坑的中心部位，发现了四号坑，总面积约 4000 平方米，可是发掘的结果却出人意料，坑中空空荡荡，没有一件器物。据推测，这可能是由于秦末农民起义军攻逼到都城咸阳，四号坑没来得及建成便废弃了。从已知的种种情况来看，这个坑应是中军的所在地。

这几个坑中的兵马俑，有步兵俑、骑兵俑、车兵俑、弓弩俑和指挥俑，共同构成了庞大的集团军阵体系，生动形象地再现了秦王朝军队的雄伟气势和壮观情景。可以想见，当年不可一世的秦始皇，正是拥有了这样一支支纪律严密、训练有素、勇猛善战的精良军队，才战无不胜，横扫天下，吞并关东六国，完成了统一大业。

秦始皇为什么要建造这些兵马俑坑呢？相传，秦始皇从刚登上皇帝宝座起，就开始在骊山附近为自己营建陵墓，妄想死后继续过上与生前一样的享乐生活。陵墓规模巨大，占地面积相当于 20 个足球场，陵墓中更是收藏了天下的奇珍异宝，还用水银布置了百川江河大海，安上机关暗箭，点上长明烛，极其奢侈豪华。不仅如此，还修建了围护陵墓的巨大陵园。整个陵园规模庞大，园内地面上，修建了大量的楼台宫殿等建筑，可惜后来在战火中被烧毁了；地面下，也有大量的建筑工程，兵马俑坑便是其中重要的组成部分，它位于秦始皇陵的东面，属于陵墓的陪葬坑。修建它是为了表彰军功武力，显示皇威神圣不可侵犯，宣扬统一大业。坑内的武士、战马，整体都面向东方，表明可以随时荡平东方六国的反叛，巩固刚刚建立的统一政权。

秦俑坑原封不动完好地保存了2000多年前如此众多而又形象逼真的兵俑、马俑，为我们今天历史、军事、艺术等各个方面的研究提供了重要而可靠的实物资料。

镜子上的人物画像

——博局纹人物画像镜

博局纹人物画像镜是一件东汉时期的青铜镜,以背面的博局纹和人物画像而得名。该镜可能用于日常生活,也可能用于墓葬之中。

博局纹人物画像镜呈圆形。铜镜分为两面,正面光滑洁净,经过擦拭之后可以照出清晰人形。背面正中有一个向外突出的圆形钮,钮座为四片向外伸展的花瓣,整体造型简洁实用。

博局纹人物画像镜最特别之处就是背面的博局纹和人物画像图案,其中博局纹由"T"形纹、"L"形纹和"V"形纹组成,所以早期这种纹饰也被称为TLV纹。这些纹样很像古代工具中的规和矩,所以这种纹饰也称为"规矩纹"。不过这种纹饰是由汉代六博棋博具发展而来,因而应该被称为博局纹。

六博棋在汉代十分常见,主要使用棋盘、棋子、箸等工具。其中棋盘

上绘制的行棋的纹路就是著名的博局纹。古人认为六博棋是依靠神的意志来决定输赢的,这种纹饰其实象征的是当时的时间和空间的观念,所以博局纹也具有一定的神秘主义色彩。

　　该镜在博局纹的空间还饰有人物画像,线条纤细,与博局纹形成了鲜明的对比。画像共四组,每组画面间均有乳钉相隔,内容各不相同。第一组画面为猎虎图,猎者单腿跪于地上,张弓搭箭,前方一虎业已中箭,正回首咆哮,它一只前腿仍在空中,一只后腿已经绷直,作者捕捉住虎负伤后腾跳的瞬间细节,突出了强烈的动感效果。第二组画面为月宫图,嫦娥披发,着长裙,裙带向后作飘逸,升天之态惟妙惟肖,身后玉兔正持杵捣药。画面正中有一株桂树,枝繁叶茂,树右侧一兽正在跳跃,兽上方飞翔着一只美丽的长羽鸟。第三组画面为捕鱼图,捕者仰头,身体平直,腿部弯曲,作游水状,一手前伸握有绳线,绳线的另一端系于3条鱼的尾部,鱼的上下方还饰有4只姿态各异的飞鸟。据《山海经·大荒南经》载:"有人名曰张宏,在海中捕鱼。海中有张宏之国,食鱼,使四鸟。"所记与画面内容略同,因此画面表现的可能是张宏之国的故事。第四组为放鸟图,3鸟并排展翅飞翔,鸟身均系有绳线,绳线的另一端握于放鸟者的手中,放鸟者身体前倾,仿佛欲随飞鸟起飞一样,可谓匠心独具。相同的博局纹铜镜还有一件西汉时期的鎏金博局纹铜镜,这件铜镜1978年出土于长沙杨家山304号墓,直径13.8厘米。与常见的铜镜不同的是,该铜镜背面采用高超的鎏金工艺,反映了它的重要性。

人的灵魂可以不朽吗

——金缕玉衣

衣服,可以防寒保暖,美化仪容,与人的关系十分密切,在日常生活中,大家一定见过和穿过各种各样的衣服吧,比如,用植物纤维为原料的棉麻衣服,用动物皮毛为原料的皮毛衣服,还有千姿百态的化纤衣服,等等。还有用其他特殊材料制成的衣服,如埃及金字塔内法老穿的黄金衣服,古代打仗时穿的铁片铠甲,等等。此外,如果我们有机会去河北省博物馆参观游览,还将会看到另一种特殊的衣服。它是用玉片作原料,用黄金丝作线制作而成的,它就是著名的金缕玉衣。

金缕玉衣于 1968 年在河北省满城县西汉墓中出土。这座墓是西汉时期汉景帝刘启的儿子——中山国靖王刘胜与他妻子窦绾的合葬墓,规格等级很高。他们的尸体上都覆盖了一件金缕玉衣,这是死者穿用的葬服。两件玉衣结构基本相同,都由头罩、上衣、手套、裤筒和鞋 5 个部分组成,外形和人体一样。其中,刘胜的玉衣形体肥大,长 1.88 米,共用长方形、正方形、三角形和多边形的玉片 2498 块,每片玉上都磨有 4 个小孔,穿上纤细的黄金丝线与其他玉片互相连接起来,共用金丝重约 1100 克。窦绾的玉衣较为瘦小,长 1.72 米,用玉片 2160 片,金丝重约 700 克。

这两件玉衣耗费了这样多的玉片和黄金,真是豪华奢侈的葬具。它们是怎样制作出来的呢? 这可是一件非常不容易的事,既费工费时,又需要很高的技术水平。经鉴定,玉衣所用的玉料是我国东北地区产的岫岩玉。制作时,首先要从千里外遥远的地方运来玉料,把这些大块的玉料切割开,制成所需要的块状或片状。切割的玉料表面粗糙不平,还需要用锉子锉平,然后对每一块玉片进行磨制,磨成各种规格、各种形状的薄片，而且还要磨得十分光滑，就像玻璃表面一样光滑，闪闪发亮，下一步再在四角钻孔，最后把这些玉片安放在适当的部位，用金丝穿连起来，组装成衣，就是我们现在见到的样子。在这几道工序中，最关键的是开片、磨制和钻孔。根据测定，玉片上有些开片的锯缝仅0.3毫米，钻孔直径为1毫米左右，说明在当时已经有了高效率的轮轴切割器械，在切割及钻孔时已使用了质地十分坚硬的金刚砂，其精密程度之高令人感到惊讶。由此看来，制作这样一套金缕玉衣，真是不容易，据多年从事玉石工艺品生产的老师傅说，就是一个技术熟练的工人也需要大约10年时间。

满城汉墓出土的这两件玉衣，是迄今为止我国第一次发现的最完整的金缕玉衣。据古书记载，大概在战国时就已有了玉衣的雏形。但那时还没有"玉衣"的名称，它的形制也远没有汉代完备。新中国成立后考古工作者在河南洛阳曾经清理了一批战国时期的墓葬，发现有些死者面部有一组像人脸形的石片，身上和脚下有像兽一样形状的石片。从这些石片都有磨制的圆孔来看，推测它们可能是编在一起覆盖在死者面部和身上的。1990年，考古工作者在河南三门峡市又发现了更早的玉衣形制。它是用玉片做成人的眼、鼻、嘴、耳等五官形状蒙在死者脸部，在胸部、腰部、脚上和膝盖上也都盖有大玉片和绿松石、玛瑙珠串，非常精致。但这些早期的玉衣形制只是像布帘一样盖在人的身上。到了西汉，玉衣的形制才发展得非常完备，可以把整个人身都包起来。进入东汉时期，对玉衣的使用更规定了严格的等级制度。皇帝死后用金缕玉衣，诸侯王、皇帝的宠妾、皇帝的女儿用银缕玉衣（即用银丝穿制而成的玉衣），前一代皇帝的姬妾、皇帝的姐妹用铜缕玉衣。玉衣成了一种等级和地位的象征。这种制度一直沿用到三国时期，魏文帝曹丕说使用玉衣是太愚蠢的做法，容易被人谋财盗掘，再加上当时社会经济财力也很困难，于是下令禁止使用，随葬玉衣的制度被废除了。

制作金缕玉衣是非常的不容易，而如此贵重的东西，却要给死人穿上，这是什么原因呢？一方面，这是为了宣扬封建贵族的等级和身份，显示其地位高人一等；另一方面，当时的人们也有迷信思想，认为玉光润纯洁，是高山大川的精华，具有仁、智、义、礼、乐、忠、信、德、道等11种美德，玉被神圣化了。天子、王、侯等贵族生前都要佩玉，死后则用玉衣把全身包裹起来，认为这样做，人的精气就不会外泄，尸骨和灵魂就可以不腐烂，就会在另一个世界继续享受荣华富贵。他们的企望是美好如意的，但任何事物都逃脱不了衰老、灭亡的自然客观规律。死者穿了玉衣，尸体并没有因此而永存，照样腐烂变质。实际上，出土时刘胜和窦绾二人的尸体连一根完整的骨头都已不存在了，而真正不朽的是玉衣，是古代劳动人民无比的聪明智慧和创造才能。这，才是我们中华民族最为珍贵的不朽财富。

不足一两重的衣服

——素纱禅衣

我国是世界上最早发明养蚕、缫丝和织绸的国家。早在 2000 多年前的战国时期起，我国生产的精美丝绸，就已通过横跨欧亚大陆的"丝绸之路"远远地传播到亚洲、欧洲和非洲各国，受到各国人们的极度喜爱和赞颂，我国也以盛产丝绸而扬名于世。因此，西方人把中国称作"塞里斯"，意思是"丝国"。可见，我国的丝绸对世界文明的发展做出了多么巨大的贡献。但是，由于丝绸是用蚕丝织成，而蚕丝又是由蛋白质组成，属于有机物，时间一长，就容易变质朽烂，很难保存，历史上遗留下来的丝织品便少之又少。所以，有关我国古代的丝绸是如何的精美、种类有多丰富、花纹有多艳丽、工艺水平有多高超等问题，长期以来都不能得到详细确切的解答。中华人民共和国成立后，我国历史和考古工作者对此做了大量工作，终于于 1972 年在湖南长沙马王堆发掘出大量的汉代丝织品，这才使人们从实物上看到了我国古代丝绸工艺的辉煌成就。

马王堆位于长沙市郊。考古工作者在这里发现和发掘了三座大型的西汉时期墓葬，墓中分别埋着西汉时诸侯国长沙国的名叫利苍的丞相及他的妻子和儿子。利苍当时所任的官职仅低于国王，是"一人之下，万人之上"，身份和地位都十分高贵显要。所以墓中埋藏了大量的随葬品，数量和种类以及精美程度都十分惊人。其中仅丝织品就有 200 多件，就像一座五光十色、绚丽多彩的丝绸宝库，让我们看到了 2000 多年前古人漂亮的衣着打扮和精巧的丝织工艺。这些丝织品琳琅满目，令人眼花缭乱，在此不能一一作介绍。我们只看看其中的素纱禅（dān）衣，就会了解到汉代丝织工艺所达到的高度发达的水平。

素纱禅衣共两件,都出土于利苍妻子的墓中,是这位贵妇人生前穿用过的服装。每件身长128厘米,两袖展开长190厘米,尺寸大小与现在的长衫差不多。可是,这么一件长及膝盖的衣服,重量却才仅仅48克(另一件49克),如果除去领口和袖口较厚重的用锦做的缘边,重量只有40.2克。这件衣服共用去衣料2.6平方米,根据计算,每平方米衣料仅重12—13克,看上去确实是薄如蝉翼,轻若烟雾,简直令人难以相信,即使在现代先进的技术条件下,也很难生产出如此轻的衣服,更何况那是2000多年前啊!

纱,是我国古代丝绸中出现得最早的一个品种,它的组织结构比较简单,是用单股经丝和单股纬丝互相交织而成,有很多均匀的孔眼布满了织物的表面,由于孔眼细小,只能通过小小的沙粒,所以就把它称为纱(沙)了。素纱是一种单颜色、丝线纤细、有小小方孔的平纹丝织物;禅衣,就是单衣,是指没有衬里或夹层的单层衣服。

素纱禅衣极为轻薄,正是使用了这种表面空隙较多的高级纱料。判别纱料是好是坏,是高级还是低级的标准,关键是看蚕丝是不是均匀精细,越是精细,表明其技术水平越高。纺织学上把这种蚕丝精细的程度称作"纤度",对纤度也有一个专用的计量单位,叫作"旦尼尔",简称

"旦"，每9000米长的单根蚕丝重一克，就是一旦。因此，旦数越小，说明蚕丝越细。经过科学测量，素纱禅衣蚕丝的直径仅仅为0.08毫米，比人的头发丝还细，纤度只有10.2—11.3旦，就是说，9000米长的蚕丝才重10.2—11.3克，而现代生产的高级轻薄织物乔其纱的纤度却是14旦。可见素纱禅衣的蚕丝是多么的微细，没有熟练高超的缫丝和织造技术，是根本不可能做到的。这件素纱禅衣反映了我国西汉时丝织工艺无比杰出的成就，在世界上也处于遥遥领先的地位。

素纱禅衣非常轻薄，又很透明，它是如何穿着的呢？在我国最早的诗歌总集《诗经》里，就记载有"衣锦衣，衣锦裳"的诗句，意思是穿了锦做的衣服，外面再罩一件禅衣。那时的妇女，尤其是像利苍妻子那样的贵妇人，穿着打扮十分讲究，喜欢穿艳丽多彩的衣服，同时又喜欢在外面罩上一件半透明的禅衣，可以使衣服上的花纹若隐若现，这样既显得很荣华富贵，又十分素洁高雅。

素纱禅衣是目前为止所发现的最轻薄的衣服，现代的丝绸生产技术也很难复制出相同的一件。我们的祖先，在那么早的年代里就创造出了这样了不起的非凡成就，为我们祖国在世界上赢得了"丝国"的美称，对人类社会的发展做出了巨大贡献。

汉代陵墓的典型

——茂陵石雕

茂陵石雕,是指现在保存在茂陵博物馆内的石雕,这些石雕原来主要分布在茂陵陪葬墓霍去病墓墓前及墓四周,共有 16 件。这些石刻题材多样,雕刻手法十分简练,造型雄健遒劲、古拙粗犷,是中国迄今为止发现的时代最早、保存最为完整的大型圆雕工艺品,也是汉代石雕艺术的杰出代表,在中国美术史上占有重要的地位。

1995 年,国家文物局派出专家组对霍去病墓纪念碑式的巨石群雕进行鉴定和审评,依其每件石雕文物的历史价值、研究价值、艺术价值和观赏价值,这些石刻中,鉴定为国宝的有 12 件,分别是:马踏匈奴、卧马、跃马、石人、人与熊、怪兽吃羊、野猪、伏虎、卧牛、卧象、蛙、蟾。其余石鱼两件、石刻题记两件,鉴定为国家一级文物。

以上的鉴评结论说明,茂陵霍去病墓不仅是五陵塬上的最大亮点,也是整个汉代陵墓的典型。

马踏匈奴石刻高 1.68 米,长 1.90 米,历来被公认为霍去病墓石刻中的主体雕刻,是一件有代表性的纪念碑式的杰作。它以写实与浪漫相结合的手法,使用一人一马对比的形式,构成一个高下悬殊的抗衡场面,揭示出正义力量不可摧毁的主题。

雕刻家把马的形象刻画得坚实有力,姿态威武,气宇轩昂,似乎象征着当时汉军实力的强大,气势磅礴,具有不可侵犯的庄重气派。

马腹下的匈奴人,仰卧地上,左手握弓,右手持箭,蜷缩着身体进行垂死挣扎,蓬松零乱的须发,更显得惊慌失措,声嘶力竭,带着既不甘心就缚,又无可奈何的表情。这显然是用以歌颂霍去病将军的业绩,昭示出来犯者的下场。表现技法是运用圆雕、浮雕以及线刻的综合方式,使作品显得朴实、浑厚,题材处理得相当大胆而且巧妙,有丰富的表现力和高度的概括性。

跃马,高 1.50 米,长 2.40 米。这件石刻,将马的体形与石块的天然形状配合得十分妥帖,有巧夺造化之妙。雕刻技术活脱娴熟,准确而生动,惟妙惟肖地表现了一匹骏马腾跃时一刹那的动作。这件形神兼备的佳作,线条流畅,结构清晰,对马的习性刻画入微,有强烈的运动感。

伏虎,长 2 米,宽 0.84 米,高 0.80 米,作品刻画出猛虎机警凶猛、随机捕获猎物的形象,全身刻有条纹,显示了皮毛的丰满、轻柔和斑斓,尾粗有力,卷曲在背上,更增添了其咄咄逼人的威猛气势。

卧马,高 1.14 米,长 2.60 米。作品显然是一匹转战千里的战马,久经沙场的精骑。战马那修剪得整齐的短鬃,短而尖的双耳以及惊觉的神态,流露出作者的寓意。马头上仰,似乎在谛听远方传来的声音,注视着前方的动静。右前蹄略微抬起,左前蹄紧扣住地面,后腿正在用力,这是从卧转为起身时一瞬间的动作。静中有动,具有强烈的艺术效果。

蟾,高 0.70 米,长 1.545 米,宽 1.07 米,体形似蛙而口中有齿,头部简练概括,鼻孔异常富有深度感,口裂自然,嘴下两条线纹尤能表现皮层的质感,后半部由大块棱面来显示后肢,具有非同凡响的高度概括性,从侧面看去,不仅轮廓像蟾,而且姿态盎然,有欲跃入水前的动态。

蛙,高 0.55 米,长 2.85 米,宽 2.15 米。乍看起来好像是一方磐石,当你留心细看,才能发现它的妙处。这件匠心独运的艺术品,全身加工的痕迹很少,犹如天然原石。唯对蛙的特征部位,利用石块的平面轮廓,做了精雕细刻:一对鼓得圆圆的眼睛,张着小小的嘴巴。磐石的底色似乎是蛙的天然保护色。"荷塘清且浅,处处听蛙鸣"的夏日景象,通过石刻的联想,就会浮现在眼前。其意境含蓄幽雅,表现得极为巧妙。

廊内有两块石鱼,一块石鱼长 1.102 米,宽 0.41 米,高 0.70 米,石刻背上平阶部分,疑曾作"座子"用。

另一块石鱼则高 0.70 米,长 1.10 米,宽 0.445 米,利用原石尖端刻出鱼头,并大致刻出尾、鳍等部分,其用途与上一块相似。

人与熊,高 2.77 米,宽 1.72 米。这是一件浪漫主义色彩浓厚的作品,以人与熊格斗为题材,描写了惊心动魄的场面。由于过分地局部夸张,紧张而激烈的气氛里颇带幽默情调。石人体形粗壮,高额深目,隆鼻大嘴,耸起双肩,以铁钳般的双手,用力紧抱住一只野熊,熊则狠咬此人的下唇,斗得难解难分。石人被咬的表情,由裂开的大嘴作矜夸,显得有声有色。体形略小的熊与夸张刻画的人,有明显的对比效果。

进入东石刻廊,首先看到的是"平原乐陵宿伯牙霍巨益"和"左司空"两通石刻题记。"平原乐陵宿伯牙霍巨益"这 10 个字,刻在一块厚度约 0.43 米,宽约 0.85 米,长约 2.18 米的长方形石头上。"左司空"是汉代的官署名称,刻在一块厚 0.64 米的三角形石头上。

石人,高 2.22 米,宽 1.20 米,人的面相表情奇特,头部后仰,嘴大露齿,后掌置胸前,表示匈奴被西汉王朝击溃后垂头丧气、无可奈何的神态。

怪兽吃羊，长2.74米，宽2.2米，依石块自然形态就势刻画，怪兽的眼与嘴透露着凶残和贪婪，线条简练准确，用线雕勾勒出怪兽的前肢，用石面自然形状表现羊身上的肌肉，羊在怪兽中挣扎的痛苦表情，通过前蹄的用力和肌肉的抽搐，形象地再现出来，结构十分巧妙，形成紧张恐怖的气氛，产生出一种强烈的艺术感染力。

野猪，长1.63米，宽0.62米。作品所取的环境是象征祁连山人迹罕至之处，山深林密，自然会隐藏着一些凶猛的野兽，更能使观者想象霍去病祁连山战役之艰险。

卧象，高0.58米，长1.80米，宽1.03米。象鼻斜搭于前足之上，宁静中透出顽皮可爱的神情，头部轮廓采用圆雕手法简练雕凿而成，从整体看去，栩栩如生，不失温驯之感。

卧牛，长2.60米，宽1.60米。卧牛回首仰望，神情安详宁静，显示出坚韧耐劳、质朴敦厚的性格，圆睁的双目，肥大喘息的鼻和宽厚的嘴，使牛的形象更为真实而生动。牛四肢盘曲，蹄质棱角分明，成功地表现了牛的温良驯服、健壮有力的特点，俨然一头关中秦川牛的形象。

西汉茂陵霍去病墓之大型石刻，是一批具有无穷艺术

魅力的古代石雕艺术珍品,是 2000 多年前汉文化遗产中举世无双的古代雕刻艺术杰作。

这批石刻表现手法洗练,雕凿勾勒并用,精微入化,有石破天惊、神全意足、浑然天成之妙。作品风格凝重刚健,恢宏含蓄,是一批最能代表中华民族雄厚气质的艺术瑰宝。

你见过汉朝的宫女吗

——长信宫灯

少年朋友们都看过古装的电视剧,关于汉代的电视剧更是不少,那么你有注意过汉代的宫女是怎样的吗?下面就带少年朋友们一起看看汉代的宫女。

长信宫灯1968年出土于河北省满城县中山靖王刘胜之妻窦绾墓。此宫灯因曾放置于窦太后的长信宫,故名长信宫灯。现藏于河北省博物院。

此灯通体鎏金,作宫女跽坐持灯状,中空。整体由头部、身躯、右臂、灯座、灯盘和灯罩6部分组成,各部均可拆卸。宫女着广袖内衣和长袍,左手持灯座,右臂高举与灯顶部相通,形成烟道。灯罩由两片弧形板合拢而成,可活动,以调节光照度和方向。灯盘有一方鋬柄,内尚存朽木。座似豆形。器身共刻有铭文9处65字,分别记载了该灯的容量、重量及所属者。据考证,此灯原为西汉阳信侯刘揭所有。刘揭在文帝时受封,景帝时被削爵,家产及此灯被朝廷没收,归皇太后居所长信宫使用。后来皇太后窦氏又将此物赐予本族裔亲窦绾。此灯作为宫廷和王府的专用品、礼品,可见它在当时也是很珍贵的。长久以来,长信宫灯一直被认为是我国工艺美术品中的巅峰之作和民族工艺的重要代表而广受赞誉。这不仅在于其独一无二、稀有珍贵,更在于它精美绝伦的制作工艺和巧妙独特的艺术构思。

　　长信宫灯一改以往青铜器皿的神秘厚重,整个造型及装饰风格都显得舒展自如、轻巧华丽,是一件既实用、又美观的灯具珍品,堪称"中华第一灯"。此灯采取分别铸造,然后合成一个整体的方法。考古学和冶金史的研究专家一致公认,此灯设计之精巧,制作工艺水平之高,在汉代宫灯中首屈一指。

铜镜会透光的奥秘

——"内清以昭明"透光镜

在上海博物馆青铜器展览厅的玻璃柜里,陈列着一面西汉时期的铜镜,直径 12.1 厘米。镜面微突,打磨光亮;背面有圆突的镜钮,有装饰花纹和铭文,看上去与普普通通的图像没什么两样。然而当讲解员接通电源,强光打到镜面上时,一个奇特的现象却出现了:镜面反射出来的光束在对面雪白的墙壁上形成一幅有花纹有文字的图象。只见一串半圆形的连弧纹图案中环绕有一圈清晰可辨的文字。再把铜镜翻过来,发现这幅图像与铜镜背面的图案和文字一模一样,好像这面铜镜是透明的,光线能从中穿射过去,把上面的图案和文字映下来。参观的人大感意外,无不连声惊叹称奇。这面铜镜就是被称作"魔镜"的西汉透光镜,因

上面的铭文而得名为"内清以昭明"透光镜,它距今已有 2000 多年的历史了。

"爱美之心,人皆有之",古人梳妆打扮时,最早照面容的方法是站在清澈平静的水面,看自己在水中的倒影。后来随着冶金技术的发展,人们发现磨光的金属表面也能照出人像。于是,一种古代先进的镜子——铜镜便产生了。目前已知的最古老的铜镜,是在甘肃省发现的,距今已有 4000 多年的悠久历史了。到汉代,铜镜的发展达到一个高峰阶段,出现了各种各样精美的铜镜,如规矩镜、神兽镜、画像镜、水波云纹镜、铭文镜等。透光镜是这一时期最杰出的代表,给汉代铜镜带来了无比奇异

的光彩。

透光镜是用铜而不是用玻璃制作的,怎么还能"透光"呢?这种奇特精妙的现象,引起了学者们的浓厚兴趣。早在北宋时期,著名自然科学家沈括就在他的著作《梦溪笔谈》里对透光镜进行了研究,认为在铸造透光镜时,镜身的厚薄不均导致冷却速度的快慢不一样,薄处冷却得快,厚处冷却得慢,后冷却凝固的铜收缩得比较多,从而使镜面出现与镜背花纹相同而隐隐约约的图迹,并能够在光的照射中显现出来。但是,使沈括感到迷惑不解的是:为什么只有少数铜镜能够"透光",而绝大多数铜镜,虽然有的比透光镜还要薄,却透不出光来?宋代以后,元、明、清各代都有人对透光镜的功能效果做过研究探索。从19世纪以来,西方学者和日本学者对此也进行了很多研究,并发表了不少见解。但是,直到20世纪70年代,我国科技工作者和文物工作者共同合作研究,才真正揭开了蒙在透光镜上神秘的面纱。

原来,制作透光镜的工艺有两个关键之处:一个是铸造过程中的冷却凝固的工艺,另一个是研磨抛光的工艺。铜镜各部分厚薄不一,铸造冷却时,镜背的花纹凹凸处不均匀地凝固收缩,镜面就会产生与镜背相对应的轻微起伏,肉眼难以观察到。接着对镜面的研磨抛光,又产生新的弹性变形,进一步增添了镜面的起伏。当日光或聚集的灯光直接照射在细微凹凸的镜面上,折射在墙壁上的图像就有不同层次的亮度,呈现出与镜背相同的图像,产生了"透光"效应。

铸造透光镜的工艺在汉代以后失传了,沈括这样的大科学家也不能彻底搞清其铸造方法。令人高兴的是,这门独特高超的工艺技术今天得到了恢复,上海交通大学等单位已成功地复制出了透光镜,使观众能从现代仿古的工艺佳品中,进一步欣赏和领略到古老透光镜透射出的千年不灭的奇异光彩。

骏马奔驰在蓝天

——铜奔马

在甘肃省武威县城北门外的右侧,有一个又高又大的土台,土台上有一座飞檐斗拱的庙宇,这个土台和这座庙宇一起被称为雷台。1969 年 10 月,当地农民在雷台下,发现了一座砖砌的大型东汉墓,出土一批青铜马,共 39 匹,其中有一匹铜奔马造型格外神妙,气势非凡。可是,当时人们并没有认识到它的价值,就把铜奔马和其他文物一起装进麻袋,放进库房,不久后送到甘肃省博物馆。1971 年 9 月,著名学者、考古学家郭沫若到甘肃省博物馆参观,在众多的青铜马中,一眼看到这匹引人注目、与众不同的铜奔马,当即喜形于色,俯身细看,连声惊叹:"啊!它是这批文物中的宝中之宝! 天马行空,独来独往,就是拿到世界上去,都是第一流的艺术珍品!"回到北京后,郭沫若及时向有关部门和领导介绍了甘肃考古史上的这一重大发现。于是,铜奔马很快"飞奔"到首都北京,在故宫博物院陈列展出。埋没多年的骏马终于向世人昂首长鸣,再展雄姿。

铜奔马身高 34.5 厘米,体长 45 厘米。这是一匹身躯矫健、奔驰向前的骏马,高昂着头,两眼炯炯有神,口张开像长声嘶鸣,强有力的四蹄翻腾,其中三蹄腾空,仅右后蹄踏在一只面前疾飞的燕子背上。燕子在飞,马也在飞,而且比燕子飞得更快。那只飞行速度快如闪电的燕子正在蓝天白云的空中展翅翱翔,没想到突然遭到马蹄踏中脊背,于是吃惊地转头回看,想要看清到底是什么庞然大物比自己飞得还快。奔马也感觉到踏到了什么东西,它头微微往左斜,似乎也想弄清发生了什么事。这一切发生在短暂的一瞬间。从铜奔马整体造型来看,马全身的力量集中在一只足上,看上去马的前半身重后半身轻,重量不一样,很难平衡,但制作者在铸造时，用料前身薄而后身重，而且巧妙利用了其他三足腾空之势，使铜奔马完全符合力学平衡原理，铜奔马险而不倒，稳中显奇，具有奇特优美的艺术效果。在铜奔马的设计构思上，制作者一反常规，把现实生活中马与燕子飞奔的速度倒过来了，大大出人意料，而这正是铜奔马绝妙传神之  处。制作者极其巧妙地借助一只小小的飞鸟作为参照物，把马的形体、动作、神态、速度和自由奔放、气吞山河的宏伟气势表现得淋漓尽致，尽善尽美。古代艺术家丰富神奇的想象力，大胆夸张的艺术手法，简直到了令人惊异叹绝的地步！铜奔马，不愧是一件千古不朽的艺术杰作！

我国著名艺术家常书鸿在观看了铜奔马后，无比感慨和激动地说这就是他和徐悲鸿"纵横古今中外不曾找到的一件珍贵文物"。原来，1951年在北京召开的一个文物展览会上，他们俩谈到画马的艺术，从中国敦煌壁画中的马谈到印度、埃及、希腊的马和法国画马名家吉利吉尔的马，认为这些古今中外画的马，都没能创造出"天马行空"的理想状态。徐悲鸿是以画马著称的大画家，他指出："画马的难处在于，不但要画出马的神速，还要画出马的烈性，像红鬃烈马那样拼命的性格。"2000多年前不知名的艺术家创作的这匹铜奔马，正是完美地达到了这种理想境界。

目前我国的学者专家对铜奔马右后足下所踩的那只飞鸟还存在不同意见，多数人认为是飞燕，但也有的人认为是乌鸦，有的人认为是龙雀，还有的认为是飞鹰或飞隼的。因此，铜奔马又有"马踏飞燕""马踏乌鸦""马踏龙雀""踏飞鹰奔马""马踏飞隼"的名称。但不管怎样，对这匹马的神奇和非凡却是一致公认的。它是一匹矫健的奔驰在蓝天白云中的千里骏马。

一件艺术品在一定程度上也是当时现实生活的反映。我国在西汉以前，各地产的马都又矮又短，速度也不快，无论是传说中周天子穆王的"绝土""翻羽"等8匹骏马，还是秦始皇拥有的"追风""白兔"等名马，在我们现代人看来也都不过如此,并不高大神骏。这从出土的西汉以前的马的造型器物上都可得到证实。到了西汉,北方的少数民族匈奴强大起来,他们的骑兵年复一年地南下侵扰掠夺。汉朝的步兵和战车以及矮小的战马,斗不过匈奴那迅雷不及掩耳之势的强大骑兵。因此,迫使汉朝的最高统治者不得不发展骑兵,重视马种的改良,以便向部队提供强劲快速的战马。于是汉武帝通过各种办法从西域输入良马。他派张骞出使西域,与乌孙国通好,得到乌孙赠送的骏马上千匹,汉人称它们为"天马"。后来又得知大宛国(今费尔干纳盆地)有一种汗血马,传说是龙的后代,一日可行千里。于是不惜发动大规模的战争两次进攻大宛国,历时三年之久,最后大宛投降,汉军获得上等良马数十匹,中等良马3000多匹。这批大宛马的输入,改良了汉马品种,大大增强了军队的战斗力。从西汉到东汉,马的体质、速度以至形貌上都大为改变。汉墓中出土的大量马的艺术品正生动地反映了这一变化。雷台出土的铜奔马为我们提供了汉代马种改良后的形象材料。

铜奔马的出土,也引起了世界轰动。它先后"奔赴"日本及欧美数国展出,众多参观者叹为观止。有人说它是一件"绝世珍宝",也有人说它"达到了艺术作品的最高峰",惊呼"天才的中国"。1983年,铜奔马被中华人民共和国国家旅游局选定为中国旅游的图形标志,它的形象为越来越多的各国朋友所熟悉和赞叹。它所具有的内在生命力和一往无前的气势,也正是我们生机勃勃的民族精神的象征。

你见过皇后的玉玺吗

——西汉皇后之玺玉印

"皇后之玺"玉印为西汉时期的文物，1968 年出土于陕西省咸阳市韩家湾。玉高 2.8 厘米，边长 2.8 厘米。现收藏于陕西历史博物馆。

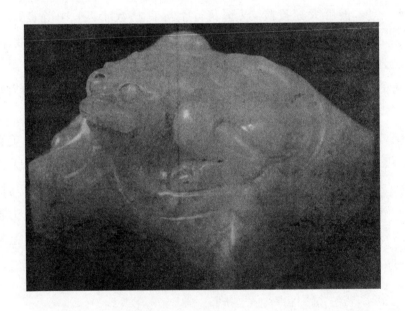

　　皇后之玺玉印玉质为珍贵的和田羊脂玉。玉玺顶端为螭虎钮，头尾向左边蜷曲，怒目张口，造型生动无比，印座四侧刻云纹，印面阴刻篆文"皇后之玺"四字。《汉官旧仪》载："皇后之玺，文与帝同，皇后之玺，金螭虎钮。"此印形制及印文正与汉制相合。因出土地点距汉高祖和吕后合葬的长陵约 1 千米，经考证，此印是吕后之物，是汉代皇后玺的唯一实物资料,弥足珍贵。

　　帝后直接使用的遗物发现很少,这枚"皇后之玺"玉印是汉代皇后玉玺的唯一实物资料,对研究秦汉帝后玺印有着十分重要的价值。因此,历史、艺术价值很高,被列为国家级文物。

"三希"是何物

——《快雪时晴帖》《中秋帖》和《伯远帖》

游览过北京故宫的人都会记得,在西路的西六宫有座养心殿,殿的两头都是非常有名的地方,殿的东头曾经是清朝慈禧太后"垂帘听政"的地方,殿的西头名叫西暖阁,那里隔出来了一间小小的房间,面积不大,但四面墙壁紧凑,光线充足,东墙上悬挂着清朝乾隆皇帝亲自书写的"三希堂"匾,这里就是著名的"三希堂"。西墙上有一幅反映晋代大书法家王羲之教他儿子王献之学书法时,乘其不备从背后拔笔的故事画。原来,这里是皇帝看书学习的地方,乾隆皇帝非常喜爱古代书画,便在这里收藏了王羲之的《快雪时晴帖》、王献之的《中秋帖》和王珣的《伯远帖》三件书法墨迹,赞赏为"千古墨妙,珠璧相联",看作是三件稀世之宝,所以命名为"三希堂"。

什么是帖呢?它是古代文人学者或书法家在日常生活中所写的信件、文章等手迹。古人遗留下来的帖,本来是没有名称的,后来收藏家为了可以区分识别,才从帖中选取开头的几个字或帖中比较重要的几个字作为帖名,以便于称呼,如"快雪时晴""中秋"和"伯远"等名称,都是这样来的。

书法,是一种写字的艺术。我们每天都在使用的方块汉字,是一种既象形又表意的文字。书写的人在写字的时候,可以不断变化点、横、竖、钩等笔画和线条,来表达一定的思想、情感、性格和审美观念等,从而成为一门独特的艺术。早在春秋晚期,书法艺术就已逐渐形成,以后经过长期不断的发展,到魏晋时期,楷书、隶书、行书和草书等各种书法都已相当成熟完善,进入了中国书法艺术史上的第一个高峰阶段,书法艺术取得了辉煌的成就,涌现出一大批杰出的书法家,为后人留下了大量的优秀书法作品。《快雪时晴帖》《中秋帖》和《伯远帖》就是其中著名的三件作品。

《快雪时晴帖》，纵高 23 厘米，横长 14.8 厘米，是用毛笔写的行书，共28 个字，它是王羲之写给朋友的一封非常简短的信件。但我们现在见到的已不是原来的真迹，而是后来唐朝人模仿勾摹的。这是怎么一回事呢？原来，据说唐太宗李世民非常喜爱书法，尤其喜爱王羲之的墨迹，想尽各种方法搜集了大量的王羲之的书法真迹，死后又把它们作为随葬品全部埋进了自己的陵墓。所以，以后能见到的王羲之的墨迹都是唐代或后代勾摹的摹本。勾摹又什么呢？原来在古代，还没有发明影印或复印技术，复制古代书法墨迹，只能采用勾摹的方法，用薄纸或加油、加蜡的纸蒙在原迹上进行勾描，然后在勾线内填墨。我们现在见到的《快雪时晴帖》就是这样勾描出来的摹本。虽然它已不是王羲之的真迹，但它勾描得极其精细逼真，还是能真实地反映出原作的艺术特征和风格的，仍然是极其珍贵的书法瑰宝。帖上的字，个个行笔流畅、姿态生动，字与字之间互相照顾呼应、笔意连贯，好似血脉相通一样，又如同山中小溪自然奔流，有急有缓，有进有回，既强健有力，又透出柔和秀美。通篇看上去

灵活自如，神采飞扬，充满了生命的活力，显示出作者深厚的艺术修养和功底。王羲之的书法吸收了各家的优点和长处，在艺术上大胆创新，改变了晋代以前那种平板匀整、质朴淡雅的书法风格，创新出流畅秀美的书体。人们说他的字"飘若浮云，矫若惊龙"，笔画似"铁画银钩"。他的字，对后世产生了深远的影响，历经千年，风行至今。他也因为在楷书、行书、草书等各方面取得的杰出成就，而赢得了"书圣"的美称。

《中秋帖》，又名《十二月帖》，作者王献之，是王羲之的第七个儿子，

也是东晋著名书法家,与王羲之齐名,被后人称为"二王"。《中秋帖》笔笔相连,字字也相连,好似一笔写成,看上去笔势奔放,气吞万里,如同黄河之水,从天而来,又如风行雨散,润色生花,连绵飞舞。他的字,与其父亲相比,筋骨力量显得还不够,但笔意舒展,更富有飘逸灵活之气,对后世也产生了非常深远的影响。现今所见,多为后世临摹之作。

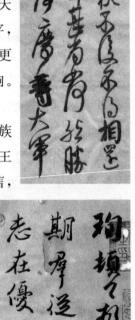

《伯远帖》的价值非同小可,它是东晋王氏家族书法作品现存于世的唯一墨书真迹。作者王珣,与王献之是同族的兄弟。此帖是他写给朋友的一封书信,字体为行书,写了"伯远胜业情期……"等47字。全帖笔飞墨舞,笔法刚劲有力。字形有大有小,有疏有密,排列适中,字体微向左倾,显得十分险峻却又非常平衡稳定。特别是此帖上可以清楚地看出作者书写时运笔的先后顺序,与勾摹本大不一样。墨迹上凡是后一笔压着前一笔的地方,墨色都明显地更浓黑一些,这是因为行笔时该处曾两次着墨,而且笔画间连贯的牵丝和书写时毛笔尖

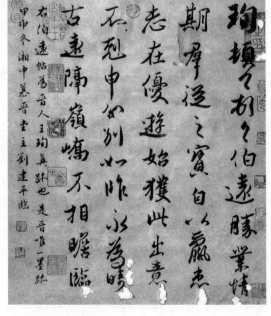

的分叉,也都清晰可见,这也是任何勾摹复制高手难以做到的。全帖气势连贯,熟练自如,自然流畅,绝没有勾摹本那种气势停滞、造作的一丝痕迹,经专家鉴定,肯定无疑地确定为王珣的真迹。

从这三件珍贵的书法字帖中,我们可以看到魏晋时期的书法艺术已

经非常成熟和完善，比以前有了一个巨大的飞跃。不仅技法上有很大突破，而且从单纯表现汉字形体结构本身的美上升到了有意识地表现人的风度、气质、修养、性格和内心深处的情感变化等。这是一种更高层次的美，以后历代文人书法家也都以此作为自己艺术追求的目标。

这三件代表了魏晋时期书法艺术最高水平的作品，自问世以来，就被视为无比珍贵之物，以后历代收藏家以至帝王争相收藏。乾隆皇帝还在自己的宫殿重地专门开设一间房子珍藏它们，更说明了这一点。

失而复得的国宝

——蓝釉灯

公元 675 年,一件震惊朝野的事情发生了,年仅 24 岁的太子李弘暴死于东都洛阳合璧宫绮云殿。唐高宗闻讯,悲伤不已,诏令天下,给李弘冠以尊名,追封为"孝敬皇帝",并下令以"天子之礼"厚葬于景山恭陵。负责建陵的司农卿韦弘机,把正在龙门建造石窟的能工巧匠调集来,精心设计,严格施工,把恭陵建造得宏伟高大,俗称"太子冢"。李弘死后,其妃一直青灯独照,不久抑郁而终,追谥"哀皇后",陪葬恭陵。其寝陵在"太子冢"东北 50 米处,俗称"娘娘冢"。她的墓室也是极尽奢华,随葬品甚多。而国宝蓝釉灯,正是深藏于这处大墓之中。

蓝釉灯,通高 33.6 厘米。灯上有小盘,盘中有圆柱形灯钎,下有灯柱,灯柱下有一大盘,盘下有喇叭形圈足。通体施蓝釉到圈足,足内无釉。造型优美,釉色纯正,胎质精细,具有皇家风范。极为难得的是,它是全国首次发现的通体蓝釉器物。专家考证,烧制这种蓝彩器物的呈色剂是钴,此种原料的来源,很可能是通过丝绸之路传入唐代的一种装饰原料。不仅如此,蓝釉器物的烧制、上色也极为困难,具有极高的艺术价值。因而蓝釉在唐代时期的陶瓷中使用很少。具体到蓝釉灯,更是只有记载,以前从没见过实物。

蓝釉灯以其华美、稀罕而入选为御用的丧葬明器，供皇陵之用，属高档陪葬物品。当时的建陵者为了保护墓内大批随葬品不被盗扰，在建造时曾煞费苦心。据说，建陵所用的沙来自伊河滩，土来自嵩山，沙用铁锅炒干后垫在陵上，土用鸡蛋清、小米汤调匀，覆于陵面，既坚固耐损，又防盗、防水。这样，盗墓贼进去，就难免被干沙吞没了。

　　蓝釉灯属于蓝釉瓷，是"唐三彩"的一种。唐代蓝釉瓷窑多集中于北方，主要有河北的邢窑、定窑，河南的巩县窑、密县窑，山西的浑源窑、平定窑，陕西的黄堡镇耀州窑。五代时期，江西景德镇也开始烧造釉瓷。邢窑釉瓷按其胎、釉的质地，可以分为粗、细两大类。粗釉瓷的胎质又有粗、细之分，粗胎的一类胎色灰蓝，胎质粗糙；细胎的一类胎体致密，胎色较淡，但因不够蓝，往往施一层蓝色化妆土。粗釉瓷的釉质较细，有些还有细碎的纹片，釉色为灰蓝或乳蓝色，还有黄蓝色。细釉瓷的胎色纯蓝，个别的蓝中闪黄釉质，釉层中有微细的小眼，器物多施满釉，釉色纯蓝或蓝中微泛青色。邢窑釉瓷多是素面无装饰，唐代中期以后特别是晚唐五代，邢窑常常采用雕塑、堆贴、印花、刻花、压边、起棱、花口等装饰方法。

　　蓝釉灯是唐代陶瓷的杰出代表。唐代的陶瓷业，技术上取得了多项重要成果，陶瓷的产量和质量都有了很大提高。由于整个制瓷业技术的提高和改进，出现了大量瓷窑，而在所有的窑口中，以南方烧制青瓷的越窑（今浙江余姚）和北方烧制白瓷的邢窑最受人们推崇，大体形成了"南青北白"的局面，越窑的青瓷和邢窑的白瓷代表了当时瓷制品的最高水平，同时著称于世。陆羽《茶经》这样评价："邢瓷类银，越瓷类玉"，"邢瓷类雪，越瓷类冰"；皮日休《茶瓯诗》写道："邢窑与越人，皆能造瓷器。圆似月魂坠，轻如云魄起"；段安节《乐府杂录》记载，唐大中初年，有一个调音律的官，名叫郭道源，"善击瓯，率以越瓯、邢瓯共十二只，旋加减水于其中，以箸击之，其音妙于方响"；李肇《唐国史补》中说，"内丘白瓷瓯，端溪紫石砚，天下无贵贱通用之"。从这些文献记载可知，唐代邢窑生产的白瓷，其质量是十分精美的。釉色洁白如雪，造型规范如月，器壁轻薄如云,扣之音脆而妙如方响。同时,也因其数量增多,又因其物美价廉,除为宫廷使用外,还畅销各地为天下通用。

据说民国初年,从南方来了一伙盗墓贼,在恭陵南边偷偷地凿了一眼竖井,企图入墓盗窃。不料井没打多深,就听轰隆一声闷响,井口冒出一股黄烟,周围一陷,井口也就封得看不见了,井下的盗贼无一生还,留在上边的盗贼以为孝敬皇帝显灵发怒了,吓得抱头鼠窜。

但几十年后,又一批盗墓贼来到了恭陵,这一次,恭陵可没有那么幸运。1998年1月30日夜,以张少侠为首的6个盗墓贼将恭陵哀皇后墓炸开,制造了震惊中外的"2·15"恭陵文物被盗大案。盗墓贼第一件盗挖出来的就是蓝釉灯。随后,盗墓贼将哀皇后墓室的宝物洗劫一空。盗墓当天,盗墓贼将包括蓝釉灯在内的64件国宝分类打包装箱,并将文物转移藏匿。

2月15日,管理陵墓的工作人员发现墓室被盗,立刻报警。洛阳警方勘察现场后,立即做出决定:控制海关出口,抓紧侦查,划定重点,进行地毯式排查。

排查进行到第5天,警方获得了侦破"2·15"大案的重要线索。循着线索审查,得知恭陵被盗文物已经倒卖到了北京,蓝釉灯已经脱手,国宝蓝釉灯和众多文物的下落基本明晰。专案组立刻赶赴北京,请求公安部协助寻找线索,追回国宝。1998年2月27日上午,在北京市公安局的大力协助下,抓捕小组赶赴天津将重要文物贩子于润明逮捕归案。于润明交代,他是在北京某酒店收购这批文物的,大部分文物分别卖给了北京、天津的文物贩子,只有国宝蓝釉灯和一些比较贵重的文物,卖给了香港的翟某。

随后,经请示公安部,并动用国际刑警,经过一连7天的抓捕,24件被盗文物分别从北京、天津追回,数名犯罪嫌疑人落网。消息很快传到了远在香港的翟某耳中。翟某自知案件重大,非一般文物所比,遂派人四处活动甚至远渡重洋,设法将已经卖出的文物高价收回。最后,翟某委托中间人将购买的文物逐一退回,并派专机将国宝蓝釉灯送往北京。

　　国宝被追回后,众多文物专家被请到现场鉴别,看着很多见所未见、精美绝伦的文物,专家们不由自主地一起惊呼:国宝! 全都是难得的国宝! 在收回的61件文物中,有19件国家一级文物、30件国家二级文物、12件国家三级文物,这些文物是唐代社会生活的形象载体,也是研究唐代经济、习俗、墓葬制度、服饰以及雕塑、烧制、施釉、彩绘工艺的珍贵资料,具有较高的历史价值和艺术价值。这批文物代表了中国初唐时期陶瓷艺术的最高水平。

重现五代时期的江南美景

——五代董源《潇湘图》卷

> 江南好，风景旧曾谙。
>
> 日出江花红胜火，
>
> 春来江水绿如蓝。
>
> 能不忆江南？

白居易的一首《忆江南·江南好》道出了古时江南的美景。少年朋友们是不是对古代的江南充满了向往之情？今天就让我们看一看古代的江南，究竟有怎样的美景。

《潇湘图》卷是董源的代表作品之一。作者以江南的平缓山峦为题材，取平远之景，江上有一叶轻舟飘来，江边的迎候者纷纷向前。中景坡脚画有大片密林，掩映着几家农舍；坡脚至江水间有数人拉网捕鱼，生机盎然。全卷以点线交织而成，水中小洲及水边平地的横向线条显得舒展自如，披麻皴和点子皴构成了山峦的横脉和蓬松起伏的峰峦，墨点由浓化淡,以淡点代染,在晴岚间造就出一片片淡薄的烟云,潮湿温润的江南气候油然而出。点景人物用白粉和青、红诸色,凸出绢面,明朗而和谐。

董源,字叔达,钟陵(今江西进贤)人,五代南唐杰出画家。曾出仕南唐,擅画山水,多作江南景色,平淡天真,开创了江南山水画的新风貌。

此图经明代董其昌鉴定,认为是董源的真迹。《潇湘图》画的是江南景色。画中山峦连绵,云雾暗晦,山水树石都笼罩于空灵朦胧之中,显得平淡而幽深,苍茫而深厚。画中山石用笔点染,而山坡底部用披麻皴法,显得浑厚滋润,江南山水的草木繁盛、郁郁葱葱俱得以表现。

董源的山水画对后世的文人画影响巨大,宋代郭若虚在《图画见闻志》中称,董源画法"水墨类王维,着色如李思训",对其评价很高。

当时南唐的几位君主都爱好文艺,专门设置了翰林图画院,集中了一批知名的画家进行创作,董源正是其中的一位佼佼者。他具有多方面的艺术才能,长于人物、龙水、牛虎,尤其以山水画的成就最为杰出。所作多为江南的秀丽风光,没有雄奇险峻的山,也没有浅显刻露的石,而是平缓连绵的山峦,映带无尽,山坡上点缀着苍郁葱茏的丛树杂草,林麓洲渚,江村渔舍,风雨溪谷,烟云晦明,称得上是"平淡天真,一片江南"。其所用画法,不作奇峭,而是山谷隐现,林梢出没,以印象为主,所以"宜远观,近视之几不类物象,远观则景物粲然,幽情远思,如睹异境"。这一画风,后来为他的学生巨然和尚所继承,画史上并称"董巨",被公认为是江南画派的开创者。后来的文人山水画,几乎都是从这一风格发展过来的,从宋代的"二米"、元代的"四大家",到明代的董其昌及清代的"四王"都对其进行了继承和发扬。

传世《潇湘图》卷,现藏于故宫博物院。明末经董其昌递入河南袁枢收藏。1642 年,袁枢的家乡睢州城遭难,袁可立(袁枢之父)尚书府第藏书楼内数万册藏书毁于一旦,仅此画卷往返千里被袁枢随身携带至江苏浒墅才免遭兵火之灾,被传为中国乃至世界名画收藏史上的佳话,王铎曾为此事作跋于画端。该画清代入藏于内务府,溥仪出宫时带到了长春,抗日战争后流散于民间。1952 年经一代大师张大千捐卖给中国政府,入藏北京故宫博物院至今。这是一幅描写人事活动的山水画,沙碛平坡,芦苇荒疏,江南水泽汀岸,有人物若干,伫立吹奏,迎接船上来客;背景水面空阔,山色葱郁,有渔艇往来。关于此图的主题寓意,目前还没有确切的结论,但从画法和意境来分析,确属"平淡天真,一片江南"的典范。山势自卷首而起,不用披麻皴法而用点子皴法,为了表现透视的深度,山峦上的小土丘自近至远由大渐小、由疏渐密,墨点也有疏密浓淡的变化,显出密密杂杂的远树势态。山中留出云霭雾气,造成迷蒙淡远之感。近处的树木,同样用点子来表现,但点子形势所赋予的形象却变全树为茂叶,林木成排而列,远近高下参差,林中隐约露出渔村茅舍。芦苇画得稍纤巧,但仍不脱印象的意味。整个描绘,远看近树、远山历历分明,近看则全是点子,令人眼花缭乱。水面计白当黑,但通过坡岸、山坳的盘折穿插、浓淡变化,使它的形态和色相产生深沉、清浅的变幻,山清水秀,具有十分醉人的艺术魅力。

董源在中国艺术史上影响深远。他的存世真迹极少,目前国内仅有 3 件,分别收藏于北京故宫、上海博物馆和辽宁省博物馆。这件《潇湘图》卷是故宫收藏的唯一一件董源真迹,属于一级甲等文物,极为珍贵。

带你参加古代的宴会

——《韩熙载夜宴图》

对于宴会，少年朋友们一定并不陌生。那么，对于古代的宴会，你是不是心中充满好奇呢？下面要向大家介绍的这幅《韩熙载夜宴图》，就为大家展示了古代时的宴会场景。

《韩熙载夜宴图》是中国画史上的名作，是五代大画家顾闳中所作，中国十大传世名画之一。此图绘写的就是一次韩府夜宴的全过程。这幅长卷线条准确流畅，工细灵动，充满表现力。设色工丽雅致，且富于层次感，神韵独出。

此画卷据传是宫廷画家顾闳中奉后主李煜之命而画，此画卷中的主要人物韩熙载是五代时北海人，字叔言，后唐同光年进士，擅长文章书画，名震一时。其父亲因事被诛，韩熙载逃奔江南，投顺南唐。起初深受南唐中主李璟的宠信，后主李煜继位后，当时北方的后周威胁着南唐的安全，李煜一方面向北周屈辱求和，一方面又对北方来的官员百般猜疑、陷害，整个南唐统治集团内斗争激化，朝不保夕。在这种环境之中，官居高职的韩熙载为了保护自己，故意装扮成生活上腐败、醉生梦死的糊涂人，好让李后主不要怀疑他是有政治野心的人以求自保。但李煜仍对他不放心，就派画院的"待诏"顾闳中和周文矩到他家里去，暗地窥探韩熙载的活动，命令他们把所看到的一切如实地画下来交给他看。大智若愚的韩熙载当然明白他们的来意，韩熙载故意将一种不问时事、沉湎歌舞、醉生梦死的形态作了一场酣畅淋漓的表演。顾闳中凭借着他那敏捷的洞察力和惊人的记忆力，把韩熙载在家中夜宴的过程默记在心，回去后即刻挥笔作画，李煜看了此画后，暂时放过了韩熙载等人，一幅传世精品却因此而流传下来。

为了适于案头观赏,作者将事件的发展过程分为 5 个既联系又分割的画面。构图和人物聚散有致,场面有动有静。对韩熙载的刻画尤为突出,他在画面中反复出现,或正或侧,或动或静,描绘得细微有神,在众多人物中超然自适、气度非凡,但脸上无一丝笑意,在欢乐场面的反衬下,更深刻地揭示了他内心的抑郁和苦闷,使人物在情节绘画中具备了肖像画的性质。全图工整、细腻,线条精确典雅。人物多用朱红、淡蓝、浅绿、橙黄等明丽的色彩,室内陈设、桌椅床帐多用黑灰、深棕等凝重的色彩,两者相互衬托,突出了人物,又赋予画面一种沉着雅正的意味。

《韩熙载夜宴图》不仅仅是一幅描写私人生活的图画,更重要的是它反映出了那个特定时代的风情。由于作者的细微观察,不放过任何一个细节,把韩熙载生活的情景描绘得淋漓尽致,画面里所有人物的音容笑貌栩栩如生。在这幅巨作中,画有 40 多个神态各异的人物,重复出现,各个性格突出,神情描绘自然。《韩熙载夜宴图》从一个生活的侧面,生动地反映了当时统治阶级的生活场面。画家用惊人的观察力以及对主人公命运与思想的深刻理解,创作出的这幅精彩作品值得我们永久回味。

《韩熙载夜宴图》分为 5 段,每一段以一扇屏风为自然隔界。

第一段描绘了韩熙载与宾客们正在聆听弹奏琵琶的情景,画家着重地表现演奏刚开始,全场气氛凝注的一刹那。画上每一个人物的精神和视线,都集中到了琵琶女的手上,结构紧凑,人物集中。但人们敛声屏气的神情使场面显得十分宁静,从弹奏琵琶者的手上,似乎传出了美妙清脆的音符,而这音符震动着观众的耳膜。画家对于不同的人物,根据他们不同的身份和年龄,刻画出他们各自不同的姿态和表情,显示出作者不同凡响的画艺。此段出现人物最多,计有7男5女,弹琵琶者为教坊副使李家明之妹,李家明离她最近并侧头向着她;穿红袍者为状元郎粲。另有韩熙载的门生舒雅、宠妓弱兰和王屋山等。

第二段描绘了韩熙载亲自为舞伎击鼓,气氛热烈。其中有一个和尚拱手伸着手指,似乎是刚刚鼓完掌,眼神正在注视着韩熙载击鼓的动作而没有看舞伎,露出一种尴尬的神态,完全符合这个特定人物的特定神情。

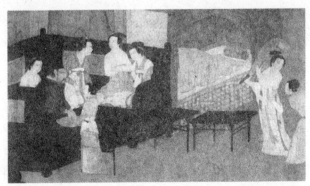

第三段描绘的是宴会进行中间的休息场面,人物安排相对松散。韩熙载在侍女们的簇拥下躺在内室的卧榻上,一边洗手,一边和侍女们交

谈着,也是整个画卷所表现的夜宴情节的一个间歇,整体气氛舒缓放松。

第四段描绘的是韩熙载独自赏乐的情景,人物疏密有致。乐伎们吹奏着高亢、丰富的管乐和声,调动了欣赏者的情绪。乐伎们吹奏管乐的情景下,韩熙载换了便服盘膝坐在椅子上,正跟一个侍女说话。奏乐的女伎们排成一列,参差婀娜,各有不同的动态,统一之中又显出变化,似乎画面中弥散着清澈悦耳的音乐。

第五段描绘了宴会结束,宾客们有的离去,有的依依不舍地与女伎们谈心说笑的情景,由此结束了整个画面。完整的一幅画卷交织着热烈而冷清、缠绵又沉郁的氛围,在醉生梦死的及时行乐中,隐含着韩熙载对生活的失望,而这种心情反之又加强了对生活的执着和向往。

画面中屏风和床榻等家具的使用,具有一种特殊的作用,一方面起到了分隔画面,使每段画面可以独立成章。另一方面又把各段画面联系起来,使整个画卷形成了一个统一的画面。在人物形象的刻画上,更凸显画家卓绝的功底,特别是主要人物韩熙载,分别在 5 个画面之中出现,但每个场景的服饰、动作、表情都不尽相同,但他的形态与性格却都表现得前后一致。

《韩熙载夜宴图》是顾闳中唯一传世的画作。顾闳中用笔圆劲,间以方笔转折,设色浓丽,擅描摹人物神情意态,与周文矩齐名。

《韩熙载夜宴图》在用笔设色等方面都达到了很高的水平,如韩熙载面部的胡须、眉毛勾染得非常到位,蓬松的须发好似真实的从肌肤中生出一般。人物的衣纹组织得既严整又简练,非常利落洒脱,勾勒用线犹如屈铁盘丝,柔中有刚。敷色上也独具匠心,在绚丽的色彩中,间隔以大块的黑白,起着统一画面的作用。人物服装用色大胆,红绿相互穿插,有对比又有呼应,用色不多,但却显得丰富而统一。如果仔细观察,可以看出服装上织绣的花纹细如毫发,极其精细。所有这些都突出地表现了我国传统工笔重彩画的杰出成就,使这一作品在我国古代美术史上占有重要的地位。

色彩艳丽的陶器

——洛阳唐三彩

唐三彩是唐代生产的一种低温釉陶器,釉彩有黄、绿、白、褐、蓝、黑等色,而以黄、绿、白三色为主,所以人们习惯称之为"唐三彩";因唐三彩最早、最多出土于洛阳,亦有"洛阳唐三彩"之称。

唐三彩的生产已有 1000 多年的历史,吸取了中国国画、雕塑等工艺美术的特点。唐三彩制作工艺复杂,以经过精细加工的高岭土作为坯体,用含铜、铁、钴、锰等矿物作为釉料的着色剂,并在釉中加入适量的炼铅熔渣和铅灰作为助熔剂。先将素坯入窑焙烧,陶坯烧成后,再上釉彩,再次入窑烧至 800℃ 左右而成。由于铅釉的流动性强,在烧制的过程中釉面向四周扩散流淌,各色釉互相浸润交融,形成自然而又斑驳绚丽的色彩,是一种具有中国独特风格的传统工艺品。

唐三彩不仅贵在釉色浓艳瑰丽,而且骆驼、马和人物等的造型生动传神,富有生活气息,在国际上也负有盛名,成为中外经济文化交流的重要物品之一。1928 年,陇海铁路修筑到洛阳邙山时,出土了大量唐三彩,古董商们将其运至北京,受到了国内外古器物研究者的重视和古玩商的垂青。之后,洛阳地区不断有唐三彩出土,数量之多、质量之好,令人惊叹。

唐三彩的复制和仿制工艺,在洛阳已有百年的历史,经过历代艺人们的研制,唐三彩工艺技术逐步完善,烧制水平不断提高,使"洛阳唐三彩"的工艺技巧和艺术水平达到了一定的高度。在国际市场上,唐三彩已成为极其珍贵的艺术品,曾在有 80 多个国家和地区参加的国际旅游会议上被评为优秀旅游产品,被誉为"东方艺术瑰宝"。唐三彩大马、骆驼等曾作为国礼,赠送给 50 多个国家的元首和政府首脑。

离洛阳不远的河南巩县就是唐三彩的故乡。距巩县县城约 10 千米的大、小黄冶村,在唐代烧制以黄釉为主的三彩器,故称黄冶(瓷)。据窑址出土的标本分析,巩县窑三彩的特点是:除少数红陶胎为普通陶土烧成外,多数是比较纯净的白色高岭土,因烧成温度的差异,呈白色或粉红色。烧成温度较瓷器略低,在 800℃－1000℃ 之间,其中三彩俑的烧成温度在 900℃ 左右,三彩器皿的烧成温度在 1000℃ 左右。黄冶村是发现最早的烧制唐三彩窑址。洛阳唐三彩多集中于隋唐东都城的四郊,即城北邙山、城南关林和龙门、城西谷水一带,在偃师、孟津、伊川等地的唐墓中也多有出土。从发掘资料的综合研究得知,洛阳唐三彩出现在武则天至中宗时期(公元 684—709 年)的墓葬中,玄宗开元天宝初期以后的唐墓中很少见到。这个时期正当唐朝国力最强盛的时候,朝政清明,社会安定,经济繁荣。

洛阳唐三彩品种繁多,内容丰富,囊括了当时社会生活的各个方面。

唐三彩主要用作陪葬明器,有俑像类和生活器皿类。俑像类主要有人物俑和动物俑。人物俑题材广泛,主要有女俑、文吏俑、武士俑与天王俑、镇墓兽等。这些俑神形兼备,以其题材刻画出其不同的性格和特征。贵妇则面部胖圆,肌肉丰满,梳各式发髻,着彩缬服装。文官则彬彬有礼,武士则勇猛英俊,胡俑则高鼻深目,天王则怒目凶狠。制作这些人物俑时,为了增强人物形象的质感,采取了"开相"工艺:对人物的头部多不施釉,仅涂以白粉;在唇和面颊上,添加朱红;对眼眸、眉睫、胡须、巾帽或花钿等,用墨或彩色来描画,以增强写实效果。

唐三彩女俑取材于唐代社会活生生的女性人物,有立俑、坐俑、乐舞俑、乐唱俑、骑马俑、对镜梳妆俑等，着重表现唐代妇女姿态自由、面容丰腴、肌肤细腻、双手纤巧、两足丰柔的形象。唐代妇女喜欢装点，唐三彩女俑诸如额黄、眉黛、朱粉、口脂、花钿、妆靥等饰容方法无所不有，发式也新颖多变，有单高髻、双卵髻、倭堕髻、两丫髻、刀髻、宝髻、椎髻、螺髻、鹦鹉髻等。这些女俑的服饰简洁、明快，多着翻领窄袖襦衫，身系裙带，衣领有圆、方、斜、直、鸡心等形式，表现出当时妇女装饰多样化的时尚特点，展现了唐代女性的精神风貌。早期的女俑造型清秀，后期的丰腴，以唐中宗时期为过渡。

文吏俑是唐朝社会文臣的形象，有较高的社会地位和优裕的生活条件。但"伴君如伴虎"，所以这些人物文静端庄、思绪深沉、气派不凡，虽说衣帽齐整、峨冠博带，仍不能掩饰内心的惶恐。武士俑，是唐王朝武装力量的缩影，多为英俊潇洒的年轻战士，有的站立，有的骑马，有的拉弓射箭，这些大多是初唐的造型。到武则天时出现佛教中金刚造型的天王俑。武则天和唐中宗时期，武士俑和天王俑并见，以后则只见天王俑。镇墓兽源于古代传说中的方相神，是山川精怪，有驱除邪恶的法力。镇墓兽在初唐时期塑成人身蹄足；到武则天时出现兽身、鸟翼、蹄足，有兽面或人面两种。因其造型奇异可怕，加上光怪陆离的釉彩，在坟墓这种特定环境中，会使人有恐怖的感觉。

唐三彩胡人、乐舞、杂技俑中从另一个侧面表现出唐人生活的多样化、丰富化，可谓千姿百态、色彩纷呈，再现了唐代盛世时中原与边疆各族人民友好相处、中外频繁交往的情景。

珍贵的俏色玉雕

——唐兽首玛瑙杯

唐兽首玛瑙杯，又称镶金兽首玛瑙杯、兽首玛瑙杯。1970年西安市南郊何家村出土。长15.6厘米，口径5.9厘米。选材精良，巧妙利用玉料的俏色纹理雕琢而成。杯体为角状兽首形，兽双角为杯柄。嘴部镶金帽，眼、耳、鼻皆刻画细微精确，是唐代中外文化交流的产物。现藏于陕西历史博物馆，被评为国宝级文物。

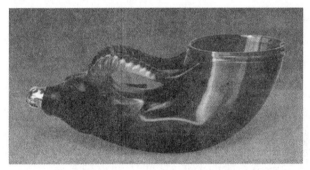

兽首玛瑙杯上口近圆形，下部为兽首形，兽圆睁着大眼，目视前方，似乎在寻找和窥探着什么，兽头上有两只弯曲的羚羊角，而面部却似牛，所以不能认为造型完全出自写实的手法，但看上去安详典雅，并无造作感。兽首的口鼻部有类似笼嘴状的金冒，能够卸下，突出了兽首的色彩和造型美。此杯琢工精细，通体呈玻璃光泽，晶莹瑰丽。

从轮廓上看，这种弧形的酒杯形似兽角，故也有"角杯"之称。这种形制，起源于西方，希腊人称之为"来通"，后来才传播到亚洲。因此有的学者推测此杯是由中亚或西亚进献来的礼品。但作过深入研究的学者坚信，此杯出自唐人之手。兽首杯在制作之初，可能也想模拟西方的风格采用羚羊之形,可由于对题材的生疏,所以最后成了现在的面目。据估计,它的制作年代是在8世纪前期。

兽首玛瑙杯,是至今所见唐代唯一的一件俏色玉雕,也是唐代玉器做工最精湛的一件。此杯选用世界上极为罕见的红色玛瑙琢制,这件以深红色及淡红色为主调的红玛瑙,中间竟夹有一层淡白,如此神奇自然的变化,如此鲜润可爱的色泽,使这块红玛瑙成为世间稀有的俏色玉材。

依料取题,因材施艺,是俏色玉雕的最大特点。琢玉高手往往能"取势造型,依形布局","依色取巧,随形变化",对材料进行巧妙的雕琢。

这件玛瑙杯,玉师在玉材的小端雕琢出惟妙惟肖的兽头,把纹理竖直的粗端雕琢成杯口,而口沿外又恰好有两条圆凸弦,线条流畅自然,天衣无缝。

兽首圆眼、大耳、双角,其形似牛非牛,目视远方,眼睛炯炯有神。作者巧妙用俏色技巧,将兽眼刻画得黑白分明,形神毕肖,真正达到"画龙点睛"的效果。兽头上下的肌肉,仅寥寥数刀,已是入木三分,生动传神。两只角粗壮有力,几度弯曲,富丽多色,凝结着力量和生命,显示着强烈的动态美,两耳高高竖起,微微内收,仿佛聆听世间的声音,整个杯的造型与动态,描述了全神贯注、飞驰疾奔的猛兽向前突冲的一瞬间,曲尽其妙,令人心动。而兽嘴镶金的工艺处理,也是匠心独运,它金光闪闪,克服了兽嘴处材质色泽太深的不足,使兽头的造型之美更为突出。

这件国之重宝,象征着财富和权力,是一件高贵的艺术品,同时它也很可能是中西亚某国进奉唐朝的国礼,意义非同一般,是在东西方文明碰撞的火花中诞生的一件重要文物。

它日定知传好事，丹青宁羡洛中图

——《十咏图》

首七律诗，造就了一幅名画，那就是《十咏图》。《十咏图》，北宋时期张先绘，绢本，淡设色，画心纵52厘米，横125.4厘米。

此画作者张先，字子野，吴兴（今浙江湖州市）人，是江南才子，一生著作颇丰，有《安陆集》100卷传世，是北宋时期与柳永齐名的著名词人。张先于天圣八年（1030年）中进士，官至尚书都官郎中。晚年往来于杭州、吴兴间，过着优游的生活。今传《安陆词》，又名《张子野词》。

张先的绘画作品，无论历史流传还是文献记载，仅此一幅。

至于它的时代，从山石皴法及布置方法看，大体是北派山水的继承，属于荆浩、关同体系，而没有李成、郭熙一派的痕迹，更不入南宋格调，显然是北宋前期的风格。

"局部"

1072 年,82 岁的张先来到南园垂钓,观赏着美好的景致,想起老父生前也喜爱到南园游玩,并曾赋诗 10 首,忙让家人取来老父的诗作,再次阅读起来。看到第一首七律《吴兴太守马大卿会六老于南园人各赋诗》时,张先被触动了,他反复吟诵着最末两句"它日定知传好事,丹青宁羡洛中图"。10 首诗就像是一篇篇优美的叙事散文,把几个老人之间相邀做伴,在山水之间的一段高雅、超凡脱俗的闲情逸致叙述得优美闲适,令人向往。父亲在诗中分明暗喻出将诗的意境绘制成丹青的遗愿。张先再也抑制不住对老父的思念之情,无心钓鱼赏景,回到家中,闭门谢客,将父亲的 10 首诗反复揣摩,倾其毕生才情,绘制出一幅流芳百世的《十咏图》来。

张先的父亲张维少年贫困,靠辛勤耕种维持生活,苦读诗书,后官居尚书刑部侍郎,依然淡泊度日,从不张扬。张先出生后,从小受到父亲影响,对诗词很感兴趣,少年时便创作了大量的慢词长调。

父亲张维望子成龙,还想让儿子具有绘画方面的才华,于是请来画师教张先绘画。画师崇尚唐五代以来极具影响力的山水画家荆浩的画风,所以张先有机会经常临摹荆浩等人的大量北派山水画,奠定了他今后绘制《十咏图》的基础。

《十咏图》是一幅山水人物画,画卷的开首部分便是吴兴南园一角,主体建筑为一座重檐歇山顶的楼阁,相配小亭栏杆回环曲折,花草树木掩映,庭中有鹤,亭角有花一株,环境幽雅而气象恢宏。楼阁内,马太守正陪二老对坐弈棋;小亭内,二老手扶栏杆,一面赏景一面闲话;另二老或携琴或曳杖,款款而来。此外,有童仆衙役陪伴侍候。这是一次风流儒雅的集会,轻松愉快,表现出一派太平盛世的气氛。这一段表现了三首诗的内容,除前述一首之外,另有《庭鹤》《玉蝴蝶花》二首。

南园临水而建,湖对岸远渚汀洲,村庄茅舍,树木葱茏,群山耸翠,依次表现出《孤帆》《宿清江小舍》《归燕》《闻砧》《宿后陈庄偶书》《送丁秀才赴举》《贫女》七首诗的内容。

这幅《十咏图》的文献价值一直受到前人的重视，它所记载的当时的文化活动及有关人物，都是唯一现存的第一手资料。

此画原为清宫收藏，溥仪以赏赐溥杰的名义将画盗出宫廷，后携至长春。伪满政权覆灭时，此画被窃，此后50年中不知下落。

1995年，在北京瀚海拍卖公司的拍卖会中此画才再度面世。故宫博物院根据徐邦达、启功、刘九庵等专家的建议，并得到国家文物局的批准，以1800万元竞价将此画购回，使这件国宝找到了它应有的归宿。国家文物局和故宫博物院用这么多的钱保护一件国宝，用启功先生的话说："两个字——值得。"

用鲜血和气节捍卫的国宝
——《苕溪诗卷》

《苕溪诗卷》，北宋米芾作品，澄心堂纸本墨迹卷，行书，纵 30.3 厘米，横 189.5 厘米。北京故宫博物院藏。全卷 35 行，共 394 字，卷末署年款"元祐戊辰八月八日作"，由此可知此卷作于宋哲宗元祐三年戊辰（1088 年）时，米芾 38 岁。开首有句"将之苕溪戏作呈诸友，襄阳漫仕黻"，可知该作品为自撰诗，共 6 首。

此卷用笔中锋直下，浓纤兼出，落笔迅疾，纵横恣肆。尤其运锋，正、侧、藏、露变化丰富，点画波折过渡连贯，提按起伏自然超逸，毫无雕琢之痕。其结体舒畅，中宫微敛，保持了重心的平衡。同时长画纵横，舒展自如，富有抑扬起伏变化。通篇字体微向左倾，多奇支侧之势，于险劲之中求平夷。全卷书风直率自然，痛快淋漓，变化有致，逸趣盎然，反映了米芾中年书法的典型面貌。吴其贞《书画记》评价该帖为："运笔潇洒，结构舒畅，盖效颜鲁公化书者"。道出了此书既继承了颜真卿又自出新意的艺术特色。

诗卷末有其子米友仁跋："右呈诸友等诗，先臣芾真足迹，臣米友仁鉴定恭跋"。除此之外还有明李东阳题的跋。据鉴藏印记,知此帖曾藏入南宋绍兴内府,明代杨士奇、陆水村、项元汴各家,后入清乾隆内府,并刻入《三希堂法帖》。清亡后,《苕溪诗卷》被溥仪携至东北,伪满覆灭后与其他文物一起散失。

《苕溪诗卷》的回归有一个离奇的故事。

1963年4月,一个东北小伙来到北京荣宝斋,用一粗布包裹,送来一堆破烂——皆为浩劫之后的残破物件,有些碎片只有指甲大小,没想到竟被有心人收藏,一直保持原样。经过专家仔细拼接、抚平,竟然有大书法家赵孟頫等人的国宝真迹37件,有些残片与故宫所藏残品正好吻合,终于合璧。一年后,即1964年3月,又是这位青年,拿着同样的包裹送来与上次类似的一堆破烂,经过整理,拼凑书画残卷20余幅。由于这位年轻人未留下真实姓名和地址,当荣宝斋后来赴东北准备以2000元再次酬谢时,竟没有能找到这个人。直到1990年,这个谜底才被揭开。

原来,这些残片是他的父亲丁争龙1945年9月8日在长春街头购得,在回家的路上,同行的三人中,有一个叫骆大昭的人见财变歹,杀死他的父亲和另一个同伴。他的母亲孙曼霞在事发12天后,终将骆大昭通过当局绳之以法。这个浸有鲜血的包裹便被孙曼霞仔细收藏18年,尽管家境贫寒也没有将其变卖,最后终于献给国家。在这批国宝中,就有米芾的《苕溪诗卷》。

《苕溪诗卷》回归时已有残伤,缺损数字,由故宫专家修补拼贴还原,但仍有13字全缺或少缺,又参照未损坏时作品的照片,依米帖临摹再补入其中,重新装裱,局外人很难看出修补的破绽。

《苕溪诗卷》的回归,体现了中华子孙的民族气节和爱国情怀,这使得《苕溪诗卷》更为珍贵。

花与鸡的盛会

——芙蓉锦鸡图

少年朋友都知道李后主是位才华横溢的帝王,他给我们留下了许多好词佳句。同样,北宋徽宗赵佶,用他的画笔,为我们描绘了一幅花与鸡的盛会,那就是《芙蓉锦鸡图》。

《芙蓉锦鸡图》绢本设色,纵 81.5 厘米,横 53.6 厘米。此图画秋天清爽宜人之景,以花蝶、锦鸡构成画面。画中锦鸡落枝处,芙蓉摇曳下坠之状逼真如实,锦鸡视线之内,双蝶欢舞,相映成趣。赵佶自题:"秋劲拒霜盛,峨冠锦羽鸡,已知全五德,安逸胜凫鹥"。画内藏印有"万历之宝""乾隆御览之宝""嘉庆御览之宝""宣统御览之宝"等,是历代皇室重宝。

作者旨在借鸡的 5 种自然天性宣扬人的 5 种道德品性。其一,头上的冠表示有文化;其二,雄鸡的模样很英武;其三,雄鸡打架很勇猛;其四,母鸡护小鸡很慈爱;其五,雄鸡报晓很守时,表示守信用。这些都是他对大臣的要求。画家的表现手法十分生动,一只锦鸡纵身上攀,压弯了芙蓉枝,表现出了锦鸡的重量感。

整幅画色彩艳丽,典雅高贵。一个由静到动的瞬间,造型生动,令人叫绝。画面上只有芙蓉花的一角,疏疏的两枝娴静地半开着。一只锦鸡蓦然飞临芙蓉枝头,压弯了枝头,打破了宁静。枝叶还在颤动,而美丽的锦鸡浑然不顾,已回首翘望右上角那对翩翩而舞的彩蝶,跃跃欲试。诗意画旨,尽在其中。这本是芙蓉、锦鸡、蝴蝶之间的故事,作者却似不经意地从左下角斜出几枝菊花,指使画面妙趣横生,既破除了左下角的空白,又渲染出金秋的气氛,还可作为芙蓉花的参照,点出位置的高低,使它的出现不致显得突兀。

画面抓住锦鸡临飞的瞬间,力量,动感都凝固在其中。锦鸡欲飞,先向下蹲,然后用力蹬出,芙蓉花枝也被带得倾斜,弯曲中见挺拔,挺拔中见婀娜。宽大的叶片也随之翻仰旋转,向背反侧,各尽姿态。在叶片的翻转中呈现出空间感、立体感,可见作者的观察细致入微。芙蓉整体设色淡雅,以烘托羽毛鲜艳的锦鸡,而枝头绽开的芙蓉花用明亮的白色,鲜活而亮丽。

锦鸡羽毛斑斓华贵,造型推敲有度,用笔考究,充分体现出了它作为珍禽的特点。它的双爪紧抓芙蓉枝,这是全图力量的体现点,作者用笔果敢、有力。锦鸡浑身的羽毛则用细碎的笔调勾出其质感和生长方向。头部黄色羽毛用细笔拉出丝丝毛茸茸的感觉;翅膀羽毛用墨笔晕染出浓淡层次;尾部羽毛长而硬,密而不乱。用色上更为丰富,在鸡的面部和颈后羽毛上铺厚薄不同的白色,有提醒画面的作用;颈部的黑色条纹明亮,腹部朱砂亮丽灿烂。一双瞪得溜圆的眼睛凝视着蝴蝶,神情专注。两只翻飞的蝴蝶是全图灵动的部分,轻盈灵巧。左下的菊花修长而富有弹性,花与叶都玲珑、精致,与宽大舒展的芙蓉叶形成对比,既丰富了全图的线条,又与整幅画的艺术风格十分和谐。画如其人,整幅图纤巧富丽,技巧虽高,构思虽巧,却缺少大丈夫的气势。

这幅画的气韵与构局,因为有画有诗,还有题款钤印,因此空间处理非易事。徽宗却举重若轻,在左边居中处出枝,作芙蓉花,一枝向上斜出,一枝向右横曳,而一只五色锦鸡正好停于侧目而视的一枝上,更压弯了枝梢,何其自然,何其轻盈优美。宋徽宗是北宋的"画王",其美学思想极为丰富而深刻,他的画尤其注重气韵和意境,其空间美和时间性,气局的充实与流走融和统一,有抒情意。《芙蓉锦鸡图》的尺幅比例恰当,恰好符合"黄金律",当然那时并无"黄金分割"的概念,而完全体现为画家本人对美的一种感觉。

在画中题诗,是徽宗首次开创的形式。《芙蓉锦鸡图》题有五言绝句一首,五言四行,正好题在右上部,在飞蝶和芙蓉花叶之间。这个题诗的位置,妙在封住了右侧之上,高于锦鸡的头部,更引领锦鸡关注的目光向右上角透发。落款与题诗分开,题款一行在右下部边上,"宣和殿御制并书"并书草押书"天下一人",末笔的开脚较分开,是微宗在大观年间较早的签押。

《芙蓉锦鸡图》是中国历代经典名画中的精品,风格殊异、妙笔纷呈。《芙蓉锦鸡图》作者以其独特的艺术天赋和精湛的绘画技巧,使用笔和设色这两大中国传统绘画技法的元素达到完美的统一,且以特有的笔调活灵活现地传达出所描绘对象的精神特质,达到了高度成熟的艺术化境,使其作品栩栩如生、流传千古。

八百年前的都城是什么样的

——《清明上河图》

少年朋友们，如果你没去过首都北京，你能说出北京是什么样的吗？你一定会说："当然知道啦，北京有高大雄伟的天安门，又宽又长的长安街，还有可以划船的北海公园、颐和园……"一口气说出很多。但是，现在如果要你说出一座几百年前古代的都城是什么样子，就成了一道难题了吧？然而，值得我们十分庆幸的是，古人并没有让我们失望，他们留下了许多宝贵的绘画资料，其中就有一幅描绘了几百年前北宋的都城汴梁（今天的河南省开封市）在清明节时的热闹繁华场面，使我们如同身临其境。这幅画就是故宫博物院"镇馆之宝"中的一件——举世闻名的《清明上河图》。

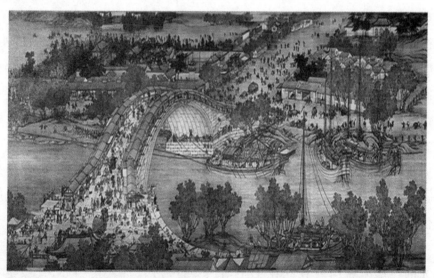

《清明上河图》是一幅长长的画卷，画在一张丝绢上，纵高 24.8 厘米，横长 528.7 厘米。作者名叫张择端，宋代山东人。他在很小的时候就来到汴梁读书，后来在皇帝开设的图画院专门搞绘画的工作，特别喜欢画宫殿、房屋、车船和人物。

画面是从右往左看的，让我们随着画面到古老的都市中去游览一番吧。

画面从宁静的郊野开始。浅绿的杨柳，还未长出新叶的树木，点明了这是暖中还略带寒意的初春季节。冷清的村舍，说明人们都外出活动了。因为这一天是清明节，按照我国的传统习俗，人们要去扫墓和外出游玩，所以，只见在通往汴梁城的路上行人众多。继续往前走，便出现了汴河，河面上航行着十多艘大小船只。有的由众船工一起摇橹，缓缓前行；有的在船桅杆上套上纤绳，由四五个人在远远的岸上奋力拉纤，逆水而行；有的船刚刚靠岸；还有的船已经开始卸货，一派繁忙景象。河岸上来回地走着各种行人，路旁有专为行人歇脚休息的旅店、茶馆、小吃铺子等。

沿着汴河再往前走，在河面变为狭窄的地方，一座式样新颖，结构精巧的拱形桥腾空而起，雄伟地横跨在汴河之上，桥用巨木建成，没有一个桥墩，好似天上的飞虹，这就是连接汴河两岸的虹桥。桥上和桥头，挤满了密集的人群，画面在这里进入第一个高潮。只见一艘客船正在桥下通过，船高高的桅杆已经被放倒，众船工有的在撑篙，有的在观察，有的在喊叫，有的在指挥。桥上栏杆边，人们趴在上面围观、呼喊，其中还有些热心者站在栏杆外边，探出身子往下抛绳索，挥手示意，指点船只安全通过。桥面上人山人海，有摆摊的、挑担的、推独轮车的、骑马的、坐轿的，社会各阶层的人应有尽有，非常热闹。他们的呼喊声、叫卖声、吆喝声仿佛已传出画面。

过了虹桥，汴河就转弯了，画面上出现了通向内城的街道，走不远，高大的汴梁内城门就耸立在了眼前。穿过城门，进入市中心，景象更为繁华，这是画面的第二个高潮。街道更宽，店铺更多更大，车水马龙，人群南来北往、东奔西走。酒楼里有人在饮酒,谈笑或向外眺望,店铺伙计正来往招待顾客,街上卖弓的正在试力,卖花的、卖剪刀的正在讨价还价,还有算命先生在一边讲一边用手比画,形形色色,生动地呈现出了一个繁华热闹的商业活动中心。

继续前行,来到一个十字路口,路旁一处房屋挂着招牌,有人在问医求药,屋旁还栽有几棵柳树。画面到此为止,突然结束,给人留下自由想象的空间。整个画面规模宏大,描绘形象逼真,如同站在高处用现代摄影的摇摆镜头拍摄下来的一般,令人百看不厌。

这幅画又有什么意义和价值呢?

首先,它有极高的艺术价值。有人做过统计,整幅画共画了各种人物数百个,有骑马的官吏、坐轿的贵妇、散步的书生、做买卖的商人、赶车的车夫、驾船的船工、忙上忙下的店铺伙计,还有和尚、道士、江湖医生等,而且每个人的衣着打扮、动作、神态、表情都不一样;各类牲畜数十匹,有马、驴、牛、骡、骆驼等;不同类型的车轿20多辆;大小木船20多艘;房屋农舍30多幢。若想将它们之间复杂的关系巧妙地安排好,就需要准确地掌握好比例关系,熟练地运用好绘画上的各种技法,要做到这些,极不容易。但作者都安排得有主有次、有紧有松、有远有近、有动有静,十分协调合理。试想,如果作者没有对生活的仔细观察,没有认真踏实的工作精神和高超的绘画本领,是无法完成的。此外,作者还特别注重细节的描绘。例如,大船驶过虹桥时,船上、桥上、岸上的人群之间,有呼有应,就跟现实生活中的情景一模一样。汴河中的船,满载货物的吃水深,已卸货的吃水浅,给人以真实的感觉。再有,当画面到达城门时,很难处理,因为城门和城墙高大,会将画面前后两段分隔开,导致画面不连贯,影响艺术效果。而作者则是非常巧妙地在城门那里画了一队出城的骆驼,为首的已经出了城门,而队尾仍在城内,由这些骆驼非常自然地把画面又连贯了起来。作者的艺术构思独特巧妙,真是令人称绝。

其次,这幅画还有助于我们更深入地认识历史。这件作品对北宋都市生活的描绘非常真实、细致而又全面,它提供的形象资料是文字描述所无法代替的。如那座木结构的拱形虹桥,是当时很有名的不用桥墩、结构精巧的桥。但过去仅仅见于记载,不知具体造形,可今天却在画面上同我们见面了。作者把虹桥的栏杆、柱子的每个细节都画出来了,现代的一些建筑工程师看了也非常惊叹,认为它的结构完全符合力学原理。画中所绘的人物、房舍、街道、车船以及一些小小的生活用具等,对于了解和研究宋代的经济、建筑、交通、服饰和风俗等问题都是极为宝贵的参考资料。

　　《清明上河图》问世后,人们争相收画。到清朝时,画被收藏进了皇宫,清朝政府垮台后,被末代皇帝溥仪偷偷地运了出去,藏在天津,以后又到了长春,直到抗日战争胜利,东北解放时,珍贵的国宝才回到人民手中。随后,故宫博物院收藏了这件国宝,为了最妥善地保护好这幅画而同时又能让更多的人民群众欣赏到它,便组织人力花费数年时间精心复制了一件复制品,陈列在历代艺术馆,每天对外展出。每日前来参观的人们均在画前细细地品味、欣赏和研究,从中或是得到美的享受;或是受到艺术灵感的启发;或是探求历史研究的新进展,或是……,珍贵的艺术佳品,它那无穷的魅力可谓是千古不衰!

刻满经文的大钟

——永乐大钟

现存北京大钟寺古钟博物馆的永乐大钟在世界古钟史上占有重要地位,从其存世历史之悠久、钟体之博大美观、钟声之悦耳远播和钟体内外所铸佛经铭文之多以及悬挂结构之巧妙、铸造工艺之高超等方面而言,堪称"世界之最"。

北京的大钟寺,原名觉生寺,觉生寺的大钟是明代永乐年间铸造的,所以叫"永乐大钟"。铜钟悬挂在大钟楼中央巨架上,通体褚黄,高 6.75 米,直径 3.7 米,重 46.5 吨。钟唇厚 18.5 厘米,钟体光洁,无一处裂缝,内外铸有经文 230184 字,无一字遗漏,铸造工艺精美,为佛教文化和书法艺术的珍品。撞击之,音色好,衰减慢、传播远;轻撞,声音清脆悠扬,回荡不绝达 1 分钟;重撞,声音雄浑响亮,尾音长达 2 分钟以上,方圆几十千米都可以听到。据冶金部门分析,该钟配方科学,钟体强度达最佳值,故受撞数百年,仍完好如初。此钟的悬挂方法符合力学原理,悬钟木架采用 8 根斜柱支撑,合力向心,受力均匀,大钟悬挂在主梁上,全靠一根长 1 米、高 14 厘米、宽 6.5 厘米的铜穿钉,穿钉虽承受几十多吨的剪应力而安然无恙。

钟体内外皆铸有经文,外面为《诸佛世尊如来菩萨尊者神僧名经》《佛说阿弥陀经》和《十二因缘咒》,里面为《妙法莲华经》,钟唇为《金刚般若经》,钟纽处刻《楞严咒》等,共计有经咒 17 种,皆汉字楷书,字体工整,古朴遒劲,匀称地分布在钟体各处,相传是明初书法家沈度的手笔。当初明成祖铸造这么多佛经在钟上,为的是弘扬佛法,使佛经传诸久远。23 万多字的佛经铸在钟上,击钟一下,字字皆声,等于诵读了一遍经文,自然是功德无量。15 世纪初，明成
祖朱棣迁都北京后，营建京师的三大
工程，即故宫、天坛、永乐大钟。明成
祖铸造大钟，是为宣扬"壮举"。大钟
铸好后，先挂在宫中，明万历年间移
置万寿寺，清雍正十一年移置觉生
寺。钟身内外铸满阳文楷书佛教经
咒，是明初馆阁体书法艺术的代表
作。大钟铸造精致，钟形弧度多变，
周身无磨削加工的痕迹，充分显示铸
造工艺高超，奇妙独特。

　　明永乐大钟是采用泥范法（中国
的三大传统铸造工艺——泥范法、铁范法和失蜡法之一）铸造。先在地
上挖一个大坑，用草木和三合土做好内壁，上面涂上细泥，把写好经的宣
纸反贴在细泥上，刻好阴字，加热烧成陶范，然后再一圈圈做好外范。铸
时，几十座熔炉同时开炉，炉火纯青，火焰冲天，金花飞溅，铜汁涌流，金
属液沿泥做的槽注入陶范，一次铸成。永乐钟铜质精良，致密坚固，合金
纯度考究。大钟含铜 80.5％，含锡 16％，还有铅、锌、铁、硅、镁等元素。
这种成分配比，与《考工记》中的"六齐"项下的"钟鼎之齐"的记载极其近
似。钟壁薄而经得起重击，音质音色驰名天下。大钟铸好后，待到冬天，
先每隔一里挖一口井，再沿路挖沟引水，泼水结冰，然后开始搬运；大钟
在路上步步滑行数千米才至宫中。再滑到冰土堆上，然后建钟楼，钟挂
于楼顶，春天解冻后取土而悬钟。大钟支架四臂八叉，钟纽分上下两节，
中间用穿钉固定于横梁上，用木杵轻轻一撞，便发出震人心魄的钟声。
永乐大钟是在德胜门内铸钟厂铸造的。铸好后存放在汉经厂，明万历年
间才被移到西直门外万寿寺悬挂起来，并为它专门建了一座方形钟楼，
每天由 6 个和尚负责撞钟。据明人蒋一葵记述："昼夜撞击，闻声数十里，

其声竑竑,时远时近,有异它钟"。

永乐大钟在万寿寺悬挂了 20 年左右,到明末,人们看到的它已经躺在地上了。清雍正十一年(1733 年),经过朝臣们的一番争论,根据阴阳五行生克之说,认为大钟属金,北方属水,金水相生,因此,应该把它放在京城之北。于是雍正皇帝最后决定,将此钟置放在地处"京城之乾方,圆明园之日方"的风水宝地——觉生寺。移钟工程直到乾隆八年(1743 年)才完成。乾隆帝题"华严觉海"大匾高悬于钟楼之上。为了悬挂这口大钟,特地在寺后设计了一座两层钟楼,上层圆形,下层方形,楼内有梯盘旋而上。钟楼上各面都有窗,所以里面光线充足,能见度良好,可以清楚地看到钟纽和钟身顶部。悬钟的架子,是用粗大的木梁制成,它的四柱顶部内倾以散力,结构合理,所以经过数百年毫无倾斜、歪闪的迹象。为了减低钟架的高度,在钟的下方挖了一个深约 70 厘米的八角形坑穴,人们可以在坑里观看大钟内壁的字迹。

据专家们概括,永乐大钟有"五绝"。第一绝是形大量重、历史悠久;第二绝,永乐大钟是世界上铭文字数最多的一口大钟;大钟奇妙优美的音响是第三绝,有位声学界的权威人士给永乐大钟的钟声下了 8 个字的评语:"幽雅感人、益寿延年";科学的力学结构是永乐大钟的第四绝。永乐大钟的悬挂纽是靠一根与钟体相比显得很小的铜穿钉连接的。别看穿钉很小,却恰恰在它所能承受 40 多吨的剪应力范围之内;永乐大钟第五绝是高超的铸造工艺。

今天北京城北仍然保留着"铸钟胡同"这样一个地名。闹中取静的街道两旁住满了人家,明清遗迹依稀可辨。狭窄的胡同、古老的房舍印证了时代的变迁。然而,就是这么一个幽静的去处,580 多年前却上演了一个传奇的故事。距今 580 多年前,明永乐年间,这里民居稀少,地势开阔。一天,一位年逾古稀的老者来到这里,踏着杂草与荆棘,老人家显得心事重重。几个月前明成祖朱棣降旨要铸一口两层楼高的大钟,而且还要铸上 23 万字的佛经铭文。不要说这样大的一口钟,自先古铸钟以来从来就不曾有人铸过,单就是这23万字的佛经,抄起来也不是一件容易的事情,更何况铸在大钟之上呢!想到这里,老人家不由地长叹一声……这位心事重重的老人不是别人,正是辅佐明成祖朱棣登上皇位的头号功臣道衍和尚。虽已年近八旬,但深得皇上信任的道衍还是被永乐帝指定为铸钟的监制。因为此次铸钟是永乐帝推行佛教治国的象征,非德高望重之人不能胜任。接旨后的道衍,深感责任重大,他立即开始广招天下能工巧匠,商议如何铸造这口举世无双的大钟。工匠们建议,采用地坑陶范法铸造。首先在地上挖出深坑,制作钟模。然后,几十座铜炉的铜水一起浇铸,必须保证大钟一次铸成,这样铸好的大钟才能发出声来。

　　钟是铸好了,但却不是今天大钟寺里的永乐大钟,这是怎么一回事呢?原来永乐皇帝降旨要铸的钟,不仅上面要有23万字的经文,更重要的是形体巨大,是历史上从来没有过的,要铸成这样巨大的钟谁也没有把握,于是道衍和尚让人先铸了这口没有经文的大钟作为试验。这口大钟的试铸成功给道衍和尚增强了信心,接下来他要考虑的是怎么铸上23万字的经文。铸造经文关键是如何编排和抄写经文。在这些经文中有皇上亲自撰写的《诸佛名经》,让谁来抄写,道衍不敢擅自做主。他上报朝廷,请皇上亲选抄经之人。

　　1420年前后,永乐大钟铸成,明成祖朱棣非常高兴,他召集大臣商议铸好的大钟应该悬挂于何处。大臣们议论纷纷,其实明成祖的心里早已有了主意,那就是要把大钟悬挂于汉经厂。汉经厂位于紫禁城的边上,属于皇家宫殿群的一部分。那么明成祖为什么偏偏要选定汉经厂而不是其他什么地方来悬挂大钟呢?答案就在于永乐大钟那23万字的铭文上。明成祖朱棣戎马一生,虔诚信佛。受父皇朱元璋的影响,朱棣推崇利用佛教来巩固明王朝的统治。他曾下令:每逢重要节日,文武百官都要身披袈裟,像僧人一样撞钟诵经,完毕后再换上朝服。为了方便参拜,皇宫边上修建了汉经厂并悬挂起了永乐大钟。然而好景不长,迁都北京仅4年明成祖病逝,仁宗继位。汉经厂逐渐荒废,永乐大钟因为失去了明成祖这位知己，也没了往日那洪亮的钟声，在孤烛冷寺里独自承受着寒风露雨的寂寞。

　　1573年，明神宗朱翊钧即位，改年号为万历。1577年，皇家寺院万寿寺建成。万历皇帝想起了沉寂多年的永乐大钟。他下令把汉经厂的永乐大钟迁到万寿寺，每天命6位僧人撞钟。这样，永乐大钟完成了它第二次搬迁，北京城里再次响起了永乐大钟绵延不绝的钟声。这一敲就是50多年，到了明天启年间，北京城里却出现了这样一种传言，说城西有钟声会带来灾难。明熹宗朱由校害怕灾难临头，就降旨把大钟卸了下来。从此，永乐大钟的钟声再次远离了北京城。1644年，清军入关，北京又成了清王朝的都城。战乱频繁、王朝更替，永乐大钟静静地躺在万寿寺里看着这物换星移的变迁。人们渐渐地把它遗忘了。到了清雍正十一年，也就是公元1733年，北京城北的觉生寺建成。有一位大臣想起了万寿寺里的永乐大钟，就建议把永乐大钟移至觉生寺。辗转多年之后，永乐大钟终于在乾隆年间移至觉生寺。

　　永乐大钟，以悠久的历史、精湛的工艺、第一流的声学特性，体现了我国古代在冶炼铸造、声学等方面的技术已达到极高的水平，享有"古代钟王"之称。同时，永乐大钟也以其灿烂的书法艺术和佛教艺术驰名中外。

思乡之画
——《鹊华秋色图》

台北故宫博物院二、三层展厅中展出着一幅幅描绘祖国大好河山的山水名画,其中有一幅举世无双的《鹊华秋色图》,是元代书画家赵孟頫所作,描绘的是山东济南的鹊山和华不注山一带的风景。画中,赵孟頫将两座山分置于画面的一左一右,构图左右平衡,鹊山漫圆,不注华山高耸,树木茂盛,一派秋色美景,大气古远,被画界誉为"元代文人画"的代表作。

此画描绘的是齐州(山东济南)名山华不注山和鹊山的秋天景色。画中平川洲渚,红树芦荻,渔舟出没,房舍隐现。绿荫丛中,两山突起,山势峻峭,遥遥相对。作者用写意笔法画山石树木,脱去精勾密皴之习,而参以董源笔意,树干只作简略的双勾,枝叶用墨点草草而成。山峦用细密柔和的皴线画出山体的凹凸层次,然后用淡彩水墨浑染,使之显得草木华滋。可见赵氏笔法灵活,画风苍秀简逸,学董源而又有创新。

赵孟頫,字子昂,号松雪,浙江吴兴(今浙江湖州)人,他"才气英迈",任兵部侍郎后不久即升为集贤直学士,元世祖忽必烈本打算让他参与中书政事,但"孟頫固辞……自念久在上侧,必为人所忌,力请外补"。于是,38岁的赵孟頫在至元二十九年(1292年)夏六月出任济南路总管府事,从就任到元贞元年(1295年)春夏之间离任赴京,赵孟頫在济南任职共有3年多的时间,这时期济南已经30多年无战事,社会经济迅速恢复,赵孟頫府事清简,处事有方,宦绩卓著。史书记载:"为政常以兴学为务。城东有膏腴田八顷,两家相争,数十年不决,孟頫判为赡学田。夜出巡察,闻读书声,往往削其柱而记之,次日,派人赠酒慰勉,能文之人,亦必加褒美。三十年后济南俊杰之士,号为天下之冠……"

赵孟頫的官舍在济南东仓,他可能还在"城西北十里"一带(今北园镇北小清河南岸)建有别墅,这里与鹊、华两山相望,园圃之中有泉——"相传赵松雪洗砚泉也"。赵孟頫公务之余留心典籍,钻研书画,他与夫人管道升经常到趵突泉、大明湖等处游览。

《鹊华秋色图》并非一幅平常的风景写生画,它是赵孟頫凭着记忆在家乡浙江画就的,因为其中有一段曲折动人的故事,而被人们称为"思乡之画"。

《鹊华秋色图》上有赵孟頫的一段题跋:"公谨父齐人也,余通守齐州,罢官归来,为公谨说齐之山川,独华不注最知名,见于《左传》,而其状又峻峭特立,有足奇者,乃为作此图。其东则鹊山也。命之为《鹊华秋色图》。"公谨是赵孟頫好友周密的字,周密祖上是齐人。

赵孟頫于1295年由京城辞官回到了家乡,于文辞书画酬答中结交了不少朋友,周密就是其中的一位。周密与赵孟頫以兄弟相称。相传有一天,赵孟頫、周密和几位好友喝酒作诗。席间,大家谈笑风生,说起曾经游历的名山大川,赵孟頫盛赞济南山水之胜。谈及鹊山和华不注山,一个浑圆敦厚,一个高耸入云,两座山峰形态迥异,穷尽山之峻美巍峨,使在场的人为之神往。当时,只有周密一人默默不语,赵孟頫很是纳闷。问过才知,原来,周密祖籍是山东,宋靖康元年(1126年)金兵南下,北宋旋即灭亡,中原士大夫纷纷南下避难,周密的曾祖父也在这时离开祖籍,南迁吴兴。周密没有回过自己的故乡,思乡之情与日俱增。

晚上,周密回到家,想到好友对自己家乡山水的赞美,再联想到自己也许今生今世也不能踏上故乡的土地,不禁暗自神伤起来。次日清晨,周密直奔赵孟頫家中,想诉说自己的思乡之情,可见到了好友,又担心他笑话自己多愁善感,不好意思说出来。最后在赵孟頫的一再追问下,周密才说出了心里话,希望赵孟頫能再给他讲讲家乡的山水。听了周密的话,赵孟頫哈哈大笑起来,他旋即起身,到书房拿出笔墨,对周密说道:"想不到周兄本是离乡久远的山东大汉,却仍旧对故乡有着如此深切的思念之情,我一定满足周兄的要求,不过小弟不才,言不尽意,唯恐有不详之处,还是把故乡的山水画成画赠与您,或许可以解周兄的思乡之苦。"说罢,赵孟頫便提笔挥毫,凭着记忆描画起济南的山水来,他一边画,一边给周密介绍济南的山水、民俗风情。就这样,被后人誉为"思乡之画"的传世之作《鹊华秋色图》诞生了。

《鹊华秋色图》在元、明两朝一直收藏于民间,到了清朝,这幅古画被收入皇宫,成了乾隆皇帝心爱的宝贝,乾隆亲笔以大字"鹊华秋色"题写于引首,并题跋九则,钤印众多。

你见过瓷质的房子吗

——青花釉里红瓷仓

青花釉里红工艺创始于元朝末年,现在所能见到的元代青花釉里红实物也十分稀少。此后明代也曾短时期内烧制青花釉里红,但流传下来的实物也很少。到了清朝康熙时期才又烧制成功,并有所创新。而这件青花釉里红瓷仓有明确的纪年,可以判定为元代作品,是中国乃至世界上唯一一件有明确年代记载的、最早的景德镇青花釉里红瓷器,十分珍贵。

全仓部分施青釉,部分施红釉,并以青、红彩绘点缀装饰。青料呈蓝灰色,釉里红呈紫红或红褐色,色彩调配庄重,使整个楼阁亭台浑然一体,凝重秀丽。楼阁高低相错,主次有序,充分表现了元代时期江南木结构建筑的特色。

瓷仓通高 29 厘米,底部横宽 20 厘米,底部进深 10.3 厘米。仓顶是庑殿重檐顶,红柱,瓦由釉里红点彩串珠组成。两旁作亭式稍低于仓顶。整个楼阁,形式上是一座宴乐厅。楼的四周有高 2 厘米的小栏杆。中有隔墙,分为前、后楼。前楼内置宝座,宝座两侧各有一人双手执翣,座前有二人舞蹈。后楼与前楼相通,有一支四人乐队,执腰鼓、琵琶、箫等正在演奏,正楼两侧的旁楼也各置栏杆。左楼二人演奏琵琶、拍板,右楼二人在吹奏箫笛。

楼阁四柱饰红色,四柱之内为仓。正面有门,门旁还有二人,手执棍棒,身着红彩白色衣衫,高 4.7 厘米。背面的壁上书写墓志。志文用青料写在白底上,呈蓝灰色,笔画重者呈褐色。仓的左侧壁上有黑底填红色正楷直书"五谷仓所",柱前也有二人,高 3.5 厘米。其中一人执圆形簸箕,显然是料理粮食的。仓的右侧壁上有黑底填红正楷直书"凌氏墓用"。依壁分立二人,高 3.7 厘米,这也是护仓的侍俑。

背面底层正中以青花书写墓志铭,墓志铭为直行楷书,计 12 行,159字,记载死者为"故景德镇长芗书院山长凌颖之孙女",死于公元 1338 年,安葬于南山。其中尤为重要的是墓志铭中有明确的纪年,对于判定瓷仓的年代十分关键。

这件楼阁式瓷仓,造型别致,虽然是随葬器物,仍不失为珍贵的工艺品。青花釉里红瓷器,甚为罕见,作为楼阁式瓷仓,并且有明确纪年,迄今仅为孤例。

自然与人世的生命的完美结合

——《溪山行旅图》

《溪山行旅图》是范宽的代表作之一,也是中国绘画史中的杰作。这件作品给人的第一感觉就是气势雄强,巍峨的山峰,葱茏的林木,突兀的巨石,描绘出雄伟的自然景色;山路间行商的小小驮队又显出了人世间生命的脉搏,自然与人世的生命活动处于和谐之中。

范宽,北宋人,名中正,字中立。北宋前期著名画家,善画山水,重视写生。为人"风仪峭古,落魄不拘世俗"。其作品大多气魄雄伟,境界浩莽,雄阔壮美,墨韵浓厚,笔力鼎健。晚年卜居终南、太华,置身自然,尽得画意。其画风对后世影响极大,尤其他的《溪山行旅图》受到了历代评论家的称赞。

中国山水画始于五代时期,而真正崛起却是在北宋。身为北宋画家的范宽,先后拜师五代时期具有影响的大画家李成、荆浩。范宽的画留传至今的只有极少一部分,如《溪山行旅图》《雪景寒林图》《雪山萧寺图》《雪山楼观图》《临流独坐图》等。

徐悲鸿在世时曾高度评价此画:"中国所有之宝,故宫有其二。吾所最倾倒者,则为范中立《溪山行旅图》,大气磅礴,沉雄高古,诚辟易万人之作。此幅既系巨帧,而一山头,几占全幅面积2/3,章法突兀,使人咋舌!"

范宽发展了荆浩的北方山水画派,并能独辟蹊径,因而宋元两代,大师级的画家都以范宽的绘画为典范。南宋初期的李唐,稍后一些的马远、夏圭,元代的倪云林、王蒙,都对范宽的画风大加赞赏。

米芾对范宽的绘画风格曾作过这样的描述:"范宽山水丛丛如恒岱,远山多正面,折落有势。山顶好作密林,水际作突兀大石,溪山深虚,水若有声。物象之幽雅,品固在李成上,本朝自无人出其右。晚年用墨太多,势虽雄伟,然深暗如暮夜晦暝,土石不分。"我们把这段话用来与《溪山行旅图》勘校,就会感到很是妥帖。所以历来鉴藏家和美术史家们均坚信此图为范宽真迹。近年对画幅树下草业间"范宽"二字款的发现更证实了这点。

此画单从构图方面说,应属于平易之境,但它却产生了非凡的力量。究其原因一是造型的峻巍,其次是笔墨的酣畅厚重。

范宽以雄健、冷峻的笔力勾勒出山的轮廓和石纹的脉络,浓厚的墨色描绘出秦陇山川峻拔雄阔、壮丽浩莽的气概。这幅竖长的大幅作品,不仅层次丰富,墨色凝重、浑厚,而且极富美感,整个画面气势逼人,使人犹如身临其境一般。扑面而来的悬崖峭壁,占了整个画面的 2/3。这就使人仰望高山,人在其中抬头仰看,山就在头上。在雄伟壮阔的大自然面前,人显得如此渺小。山底下,是一条小路,一队商旅缓缓走进了人们的视野——给人一种动态的音乐感觉。马队铃声渐渐进入了画面,山涧还有那潺潺溪水应和。动中有静,静中有动。这就是诗情画意!诗意在一动一静中慢慢显示出来,仿佛听得见马队的声音从山麓那边慢慢传来,然后从眼前走过。《溪山行旅图》,好就好在静止的画面有一种动感,一幅空间艺术的绘画却有一种时间艺术的感觉。面对这幅 1000 多年前古人的绘画,体味着画中令人心醉的意境,怎能不令人发出由衷的赞叹?

带你领略古代的千里江山

——《千里江山图》

是不是很多少年朋友都想一览古代千里江山的风景呢？今天，我们就一起走进王希孟的《千里江山图》，一起看看古代的千里江山。

《千里江山图》纵 51.5 厘米，横 1191.5 厘米，绢本，青绿设色，无款，据卷后蔡京题跋知系王希孟所作，现藏故宫博物院。

《千里江山图》是王希孟 18 岁时作品，也是唯一传世的作品。

王希孟以"咫尺有千里之趣"的表现手法和精密的笔法，描绘了祖国的锦绣河山。画面千山万壑争雄竞秀，江河交错，烟波浩渺，气势十分雄伟壮丽。山间巉岩飞泉，瓦房茅舍，苍松修竹，绿柳红花点缀其间。山与

溪水、江湖之间,渔村野渡、水榭长桥,应有尽有,令人目不暇接。在运笔上,作者继承了传统青绿山水画法,更趋细腻严谨,点画晕染均能一丝不苟,人物虽小如豆,却形象鲜明动态逼真。万顷碧波,皆一笔一笔画出。渔舟游船,荡漾其间,使画面平添动感。在用色上,作者于单纯的青绿色中求变化,有的浑厚,有的轻盈,间以赭色为衬托,使画面层次分明,鲜艳如宝石之光,灿烂夺目。石青石绿是矿物颜料,本来覆盖性就很强,经层层叠加,质感凝重,与整幅画的墨青、墨绿基调浑然一体,鲜艳而不媚俗。虽然不似金碧山水那样勾金线,却依然感觉整幅画富丽堂皇,这也就是此图较之前唐的青绿山水更趋成熟之处。《千里江山图》布局交替采用深远、高远、平远的构图法则,撷取不同视角以展现千里江山之胜。

可以用象牙编出席子吗

——象牙席

象牙是一种名贵的物品,它具有洁白的颜色和光泽,质地细密,又十分坚韧,是制作工艺品非常理想的材料。早在原始社会,人们就开始利用它来做成简单的器物用具,以后历代,出现了越来越多的象牙制品,令人眼花缭乱,如象牙梳子、象牙筷子、象牙杯、象牙笔筒、象牙花瓶、象牙龙船等。可是,只要我们稍稍留心观察一下,就会发现它们虽然各式各样,但不外乎都是用刻刀雕刻出来的,也就是说,对象牙的利用,只采用了雕刻这一种方法。有没有人想到过用其他方法对象牙进行加工利用呢?有的。在北京故宫博物院珍宝馆中,我们就会看到出人意料的另一种利用方法,那就是清代象牙席。它是用从象牙中劈出的像竹篾一样又薄又细的扁平丝条编织而成的。象牙中居然还能抽出丝条来,真是令人难以想到。

象牙席静静地陈列在展览柜中,它长 2.16 米、宽 1.39 米,面积大小正好可以铺在一张床上。席子背面整个包垫了一层红色绸缎,席的边沿包了蓝色绸缎,这样是为了避免在使用时的磨损。席面全都编织成整齐的人字形纹,细看每一根象牙扁平丝条,仅仅只有 2 毫米宽,细薄无比。席面呈乳白色,平整光滑,伸缩起来十分柔软,既精美又实用,在炎热的夏天铺在床上比草席竹席凉爽舒适得多,它是供清朝皇帝享用的豪华奢侈的高级消费品。

参观的人们在惊奇赞叹之余,不禁要问:"象牙席是怎样制作出来的呢?"它的制作确实与其他象牙制品不一样,程序非常复杂,要先抽丝后编织,最关键的就是抽丝过程,象牙劈丝的技术难度非常高。

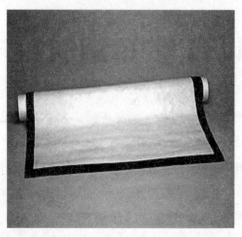

　　由于象牙席用料多，编织工序复杂艰巨，需要耗费大量资金，劳民伤财，所以，即使在清朝国力最强盛的康熙、雍正和乾隆时期，也感到有些负担不起。雍正皇帝不得不以勤俭节约为名传旨下令：今后严禁制造和生产象牙席。象牙席终于停止了制造，到乾隆朝以后，就再也见不到象牙席的踪影了，以致独特的象牙劈丝技术也失传了。

　　根据清代皇宫内留下来的档案材料记载，象牙席前后共制作了五张，但几经战乱和时代的变迁，至今只剩下三张。一张是清宫遗存下来的，就是前面介绍过的陈列在故宫博物馆的那件，1960年对文物定等级时，由于当时国内只有这唯一的一件，被定为国家一级国宝。另一件由山东省博物馆从民间征集到，在各省市自治区征集文物展览展出时，曾经轰动一时。第三件的发现很是出人意料，1977年故宫博物院文物保管工作人员在库房中清理草席文物时，发现一个霉烂的锦缎包着的破卷，里面有好几张卷在一起的席子，细心的职工将席子展开一张一张查验，当揭去一层蒙着的破套时，发现了与众不同的象牙席，在场职工都为之一愣，下意识地揉揉眼睛，凑近仔细地看了又看，摸了又摸，比了又比，证实确是一张象牙席，顿时轰动起来。这一发现，为国宝中又增添了一件珍品。无比贵重的象牙席怎么会混杂在草席之中呢？人们纷纷分析原因。有的说：可能从前的人存放时不识货，所以把它当成了竹席或是草席。有的则说：是清朝末期皇宫内的太监、丫环或官员故意把它混杂在草席之中，想一起盗出宫去，只是后来没有得手……当然，后一种说法是更可信的，因为象牙丝的色彩和光泽与普普通通的草丝、竹丝完全不同，竹丝片发青或发黄，草丝呈枯黄，而象牙丝则是乳白色，看上去柔和光洁，摸起来细润光滑，而且，皇宫内制度森严，对象牙席的保管有严格的注册登记和专门的存放库房，如果不是别有用心的故意这样做，是绝不会把它同又普通又平常的草席、竹席混在一起的。至今五张象牙席已找到三张，其余的两张有可能在英法联军入侵北京火烧圆明园时烧成了灰烬，也有可能被裁剪成了其他小块的物件，还有可能仍然流散在民间……

象牙，本来就十分稀少，很多都来自海外出产大象的国家，用象牙制成的工艺品更为珍贵，而用已经失传了的劈丝技术加工编织成的象牙席就更是宝中之宝了。它反映了我国工艺技术高度发达的水平，在中国工艺史上占有极其重要的地位，并永远放射出夺目的奇异光彩。

玉器宝库中的庞然大物

——大禹治水图玉山

在人们的印象中,玉器都是非常精细秀气、小巧玲珑的,可是,如果你去北京故宫博物院参观了珍宝馆中的乐寿堂后,你就会改变以前这种不全面的认识而眼界大开:在那里,高高屹立着一件巨大的玉器,高2.24米,宽0.96米,重达5350多千克,简直是一个超级的庞然大物,这就是有名的大禹治水图玉山。它可是身世不凡,在中国玉器宝库成千上万件各种各样的玉器中,夺得了好几个"冠军"称号:器型最巨大、体重最重、用料最多、运输路途最远、制作时间最长和费用最昂贵。从清朝乾隆五十三年(公元1788年)安放在那里起,200多年来,它从未移动过半步,一直在向世人展示着它那看不完道不尽的雄伟壮丽的风姿。

玉山经过精心雕刻,描绘了大禹治水的传说故事。大禹是古代传说中的一位治水英雄和圣贤君主。相传远古时代,中国广大地区发生了一次大水灾,给生活在这片土地上的人们带来了很大灾难。大禹决心治服洪水,他联合许多神灵打败了兴风作浪的名叫共工的水神,又亲自调查水情,查看地形,采取疏通而不是堵塞河道的办法开山引水。在常年四处奔波中,他曾经三次路过自己家门口,但为了尽早清除水患,也没时间进去看看自己的妻子和孩子。他率领广大民工开山凿岭,疏通河道,经过13年的艰苦努力,终于消除了水患,使大家恢复了安稳的正常生活。以后,他继承舜统治天下,成为中国历史上第一个奴隶制国家——夏王朝的首位君王。

大禹治水的故事千古流传,成为历代文人和艺术家的创作题材。清代皇宫就藏有一幅宋代或宋代以前的人创作的《大禹治水图》画轴,大禹

治水图玉山,便是乾隆皇帝命令工匠根据这幅图精心雕刻而成的,再现了大禹率领众人开山治洪、改造山河的壮阔场景。整座玉山如同一座高高的山峰,山势险峻,山腰里还飘荡着白云,从山脚到山顶,道路曲曲弯弯,崎岖不平,满山长着古木苍松,悬崖上还有一道瀑布奔流而下,急流碰撞岩石,溅起无数水花,纷纷扬扬,如柳絮飘飞。玉山上共有14组人物,成群结队,其中有老人小孩,也有身强力壮的小伙子。他们都在险峻的山崖峭壁上紧张繁忙地劳动着。有的挥锤凿石，有的举镐挖土，有的用简单的杠杆机械提石打桩，有的用绳索运送树木，好一派热烈壮观的劳动场面！使人看到了广大人民群众不怕天、不怕地，勇敢顽强地同大自然作斗争的英雄气概。这里形象而生动地表现了古代生产的现实场面，但艺术家并不满足于此，他们做了更巧妙的艺术加工。你看，在山顶白云飘飞的地方，还有一个头上闪着金光的神仙带着几个雷公模样的鬼怪在巡视。是不是劳动人民改造山河的大无畏精神感动了上天的神灵，使他们来这里用神力开山爆破？多么丰富的想象力啊！现实主义和浪漫主义的艺术手法相互结合，艺术品的魅力更是倍增。

　　欣赏完了玉山雄伟壮丽的风姿，有的少年朋友要问了："这么巨大的玉石，是从哪里来的？又是怎么雕成的呢？"说起它的身世，可也是很不平凡的呢。正如大禹治水开山凿路、历尽艰辛一样，玉山本身的制成，也付出了劳动人民大量辛勤的劳动。

　　（说明：本书使用的个别图片无法与原作者取得联系，在此表示歉意，敬请原作者及时与我社联系，我社将按照有关标准支付报酬。）